Paola Cavallero

Trame dell'Eterno:
Alla Scoperta delle Anime Antiche

Tra esperienze di regressione ipnotica, reincarnazione ed identità Spirituale

Copyright © 2023 Paola Cavallero

All rights reserved.

I contenuti presenti in questo libro, dei quali è autore il proprietario dello stesso, sono coperti da Copyright ed altri diritti relativi alla proprietà intellettuale e da tutti i diritti analoghi, pertanto non possono essere copiati, riprodotti, pubblicati o redistribuiti perché appartenenti all'autore ed ai suoi collaboratori.

E' vietata la pubblicazione e la redistribuzione dei contenuti non autorizzata espressamente dall'autore attraverso la pubblicazione degli stessi su qualsiasi altra piattaforma, sia online che off line, cartacea o attraverso altre qualsiasi modalità o tecnologie, attuali o future.

Ogni violazione della predetta normativa darà diritto al titolare dei contenuti di agire nelle sedi competenti per la tutela dei suoi diritti.

DEDICA

A coloro che hanno sempre cercato le risposte al di là delle apparenze, che si sono immersi nelle profondità dell'anima in cerca di saggezza e comprensione.

A coloro che hanno abbracciato il mistero delle anime antiche ed hanno camminato lungo il sentiero dell'evoluzione spirituale.

A coloro che hanno condiviso le loro storie, le loro esperienze e la loro luce interiore, illuminando il cammino per gli altri.

Che questo libro sia un tributo alla ricerca dell'infinito dentro di noi e un riconoscimento dell'interconnessione che unisce tutte le anime nel grande mosaico dell'universo.

Grazie

DISCLAIMER

Questo libro non sostituisce alcun medico ne' alcun aiuto professionale.

L'autore e l'editore non si assumono alcuna responsabilità per l'uso improprio o l'interpretazione errata di quanto descritto in questo libro ed è fornito a scopo informativo.

L'autore e l'editore non sono responsabili degli effetti, delle conseguenze o dei danni derivanti dall'uso di questo libro.

L'utente assume la piena responsabilità per le proprie azioni e accetta di non addebitare all'autore o all'editore eventuali danni, lesioni o perdite materiali derivanti dall'utilizzo del libro.

L'autore e l'editore non si assumono alcuna responsabilità per l'uso improprio dei materiali o per eventuali danni causati dall'utilizzo degli stessi.

Si prega di utilizzare questo libro in modo responsabile e rispettoso.

INDICE

Introduzione	Pag. 7
1. Le origini del concetto di anima antica	Pag. 11
2. La concezione dell'anima antica	Pag. 23
2.1. Le differenti credenze e tradizioni a livello culturale in merito alle anime antiche e le fondamenta storiche.	Pag. 29
2.2. La regressione ipnotica e le anime antiche	Pag. 59
2.3 Reincarnazione ed anime antiche: la connessione	Pag. 69
3. Cosa contraddistingue le anime antiche.	Pag. 73
4. Le anime antiche ed il loro viaggio spirituale	Pag. 89
5. Quale è la missione delle anime antiche	Pag. 99
6. La connessione delle anime antiche con l'Universo e la Natura	Pag 109

7. Spiriti guida, maestri dell'anima, maestri spirituali — Pag 117

8. Trasformazione e superamento dei blocchi — Pag 129

9. Equilibrio tra il passato e il presente — Pag 143

10. Un mondo unito da anime antiche — Pag 153

11. Radici storiche e culturali delle anime antiche — Pag. 159
    Interviste — Pag. 169

    Riflessioni filosofiche sulla continuità dell'identità tra diverse incarnazioni — Pag. 181

    Concetti simili nelle teorie scientifiche sull'identità personale e la coscienza — Pag. 185

12. La Risonanza Morfica e l'Interconnessione delle Anime Antiche — Pag. 187

    I saluti — Pag. 199

    Chi e' l'autrice — Pag. 203

    Altri libri — Pag. 205

Introduzione

A partire dall'antichità dei tempi, e fin dalla più antica umana esistenza, l'idea di anime antiche emerge costantemente attraverso tutte le culture.

In questo libro mi propongo di fare una esplorazione sul concetto così affascinante delle anime antiche, cercando di offrire una visione molto profonda delle loro caratteristiche e del loro ruolo all'interno del tessuto spirituale dell'universo.

Le anime antiche portano con sé una scintilla, una essenza che sembra trascendere dallo spazio e del tempo, poiché hanno accumulato esperienze durante le molteplici vite, in molti tempi ed in molte dimensioni.

Affronterò questo viaggio per cercare di capire l'essenza delle anime antiche, esplorando anche la storia, la cultura e tutto ciò che esiste dietro questo concetto, dalla civiltà Egiziana a quella dell'antica Grecia, arrivando in Asia e passando dall'induismo al buddhismo, e poi proseguendo fino alle tradizioni spirituali quali le culture native Americane e le tribali.

Userò metaforicamente una lente che ci permetterà di esplorare insieme le caratteristiche che permettono di definire il concetto di anime antiche: la saggezza intrinseca che pare andare oltre alle conoscenze che una persona potrebbe oggi aver acquisito, la profonda empatia che si manifesta sempre nei confronti di tutti gli esseri viventi, ed il percorso evolutivo che conduce ad una profonda maturità spirituale dovuta alle diverse reincarnazioni ed esperienze.

In questa esplorazione, cercheremo insieme di capire come le anime antiche siano profondamente connesse, collegate all'universo, alla natura, alla stessa essenza della realtà.

Ma non mi fermerò all'analisi storica e culturale, poiché esaminerò anche il ruolo di oggi delle anime antiche: qual è la loro missione, il compito, il ruolo di promuovere la consapevolezza, quella di guidare gli altri verso la comprensione e la luce, ed ancora di contribuire a creare connessioni basate su sintonia, armonia e connessione.

Mentre faremo insieme questo viaggio in questa profonda esplorazione, avremo modo di riflettere sul posto che occupiamo noi in questo grande mosaico dell'esistenza e della interconnessione tra ogni singola anima antica.

Non importa che tu abbia già un percorso spirituale avanzato, che tu stia iniziando adesso oppure che tu sia un ricercatore già navigato nel mondo della consapevolezza:

questo libro è qui per invitarti a riflettere, meditare ed esplorare le profondità delle anime antiche, scoprendo nel riflesso del tuo essere il flusso interno dell'esistenza.

Partiremo insieme per un viaggio che sarà di scoperta, un vera e propria indagine nella 'profondità più profonda', mi si perdoni il gioco di parole, dell'anima e alla connessione con una eredità spirituale che non ha tempo, non ha spazio, ed attraversa il passato il presente così come il futuro.

CAPITOLO 1 : Le origini del concetto di anima antica

L'idea dell'anima antica è certamente inizialmente molto poetica, evoca un concetto affascinante e misterioso, che non conosce tempo e spazio, e supera le esperienze individuali.

Al centro di questa idea troviamo la convinzione che alcune anime siano sempre state parte integrante del tessuto dell'esistenza per molteplici vite, attraversando i tempi, le dimensioni, le forme, lo spazio, per portare con sé un bagaglio di esperienze, conoscenze e di saggezza, tutte acquisite attraverso una serie molto lunga di reincarnazioni.

Il concetto di anima antica viene spesso anche associato ad un senso di connessione e di profondità molto intensi con l'universo; come detto infatti si crede che queste anime abbiano trascorso moltissime esistenze, affrontando tutto lo spettro delle esperienze umane, conoscendo un infinità di culture ed avendo avuto la possibilità di interagire con moltissime persone.

Questo fornisce all'anima stessa un bagaglio di esperienza immenso.

È certamente un percorso evolutivo attraverso le varie vite che viene sempre visto come una grandissima possibilità e opportunità di apprendimento e di crescita, consentendo in questa maniera all'anima antica di poter acquisire una comprensione molto più profonda del mondo ma anche di se stessa.

Un'anima antica non aulica (1) può essere un ragazzo di vent'anni, come può essere una persona di 80.

Può essere quell'esserino meraviglioso che è vissuto soltanto pochi mesi o che non e' nato affatto, perché quella era l'esperienza che gli serviva in quel momento, proprio per evolversi spiritualmente.
E la madre ha fatto un accordo con quest'anima affinché entrambe avessero quel tipo di esperienza e, attraverso quella esperienza e non un'altra, potessero entrambe crescere spiritualmente.

Può essere un ragazzino di 19 anni che magari è scomparso in guerra, perché attraverso questa esperienza ha raggiunto quel tipo di conoscenza di cui necessitava.

Non esiste una regola, almeno non esiste una regola *a noi* conosciuta.

Le anime antiche manifestano delle caratteristiche uniche che le contraddistinguono:
possiamo evidenziare ad esempio una saggezza che viene loro naturale, così come una intuizione che si percepisce arrivare da oltre una semplice conoscenza di livello

intellettuale.

Queste sono anime che pare possiedano una comprensione profonda delle cose, delle dinamiche della vita, ma anche delle verità universali e queste saggezze paiono non venire soltanto dalle esperienze fatte adesso, bensì sono molto più radicate in tutta una serie di esperienze passate.

Iniziamo a vederne qualcuna, scenderemo poi nel dettaglio più avanti.

L'empatia, la compassione sono caratteristiche chiave che si riconoscono in tutte coloro che vengono definite anime antiche, ed è in loro molto forte e sviluppata; tendono a capire in maniera naturale, quasi come avessero una capacità innata, le sfide ed anche le gioie degli altri, riescono a calarsi molto bene nei loro panni così come sono disponibili ad offrire un sostegno sincero ed autentico

Probabilmente la loro empatia viene proprio dalle tante esperienze di vite già fatte, che permette loro di comprendere in profondità la natura umana, i loro travagli emotivi, così come le loro gioie.

Le anime antiche spesso manifestano anche una speciale connessione con la natura, con gli animali e in genere con l'ambiente circostante; si presume che questa profonda connessione, o interconnessione, sia una manifestazione dovuta alle diverse incarnazioni, sotto forme di vita differente, e in dimensioni differenti.

Questo inevitabilmente accelera il processo di comprensione che sia verso tutte le forme di vita.

Troviamo il concetto di anima antica profondamente radicato in moltissime tradizioni, siano essi spirituali che filosofiche, e, a tutt'oggi, è certamente un tema sia di riflessione che di dibattito.

Infatti alcune culture lo interpretano come una sorta di chiave per poter comprendere tutte le sfumature della vita, dell'esistenza, e per tentare di capire e svelare i misteri della connessione che abbiamo con il passato e con il futuro, mentre altre invece la interpretano come una vera e propria metafora, molto potente, per esplorare i percorsi di consapevolezza e crescita personale.

Per me è invece una cosa ancora differente, come lo è per tantissime persone, perché operando nell'ambito della ipnosi regressiva alle vite passate questo concetto fa naturalmente parte delle cose in cui credo.

E maggiormente grazie ai racconti che mi vengono fatti durante le sedute di regressione, spesso supportate da indagini storiche, disegni che vengono prodotti a fine sessione ipnotica, informazioni storiche che vengono verificate , oggetti descritti anni prima e che vengono ritrovati in ambiti archeologici e molteplici prove di altro tipo.

Per quanto riguarda invece la definizione olistica, posso dire che un'anima antica, nel contesto olistico della spiritualità, e' esattamente come un intreccio di fili che attraversano moltissimi strati dell'esistenza umana e spirituale.

Questo concetto avviluppa, abbraccia l'idea che l'anima, durante tutti suoi viaggi attraverso le dimensioni del tempo, accumuli la consapevolezza, le esperienze, la saggezza, la crescita, che vanno ben oltre l'esperienza individuale.

Immaginiamo un pezzo di stoffa che viene preparata con cura, tessuta con attenzione, filo dopo filo: non deve essere né troppo tirata né troppo morbida; ecco che ogni filo potrebbe quindi rappresentare esattamente una vita precedente, un'esperienza fatta, un incontro, un'esistenza che è stata fonte di insegnamento.

Naturalmente come il tessuto porta traccia di ogni filo anche le anime antiche portano traccia, in maniera vibrante, dell'eredità di chi sono state nel loro passato, portando con sé un senso molto importante di profondità ma anche di intuizione, e tutto questo arricchisce e da senso alla trama di questa vita.

Ogni filo si connette, si collega agli altri fili, creando proprio la trama del tessuto stesso, riflettendo la continuità dell'anima attraverso lo scorrere del tempo, che è differente da come lo percepiamo noi.

Quindi possiamo dire che l'approccio olistico rivolto alla comprensione dell'anima antica riconosce assolutamente questa connessione, riconosce che va oltre l'individuo, e che abbraccia tutto l'universo, nella sua interezza.

Come un intreccio del nostro pezzetto di tessuto, ogni filo ed ogni nodo contribuiscono a rafforzare la struttura del tessuto stesso, quindi ogni filo collabora affinché questo pezzo di stoffa diventi forte e robusto, complesso ed armonico.

Non esiste un filo che lavori per se stesso, tutti i fili lavorano per la costruzione dell'intera trama, affinché possano contribuire all'armonia del cosmo intero e non solo all'individuo.

Quindi il punto di vista olistico ci invita certamente ad osservare come qualsiasi tipo di esperienza, qualsiasi lezione, qualsiasi esistenza avuta in precedenza in realtà sia un filo che contribuisce alla costruzione della trama dell'anima, aiutandola e supportandola nel suo percorso di evoluzione e di crescita

In questo tessuto olistico di anime antiche, i fili sono collegati in maniera intricata per creare un disegno, arricchito dalla saggezza innata, dalla profonda ma anche dalla connessione con il mondo naturale.

Ogni anima non è concepita come un 'fine a se stessa', non è questo lo scopo dell'esistenza umana né dell'esistenza spirituale, il ruolo è molto più profondo e insostituibile e si può vedere nella creazione di un quadro più ampio dell'esistenza, che si intravede man mano che si srotola il 'tessuto', la nostra trama, durante il tempo.

Quindi sempre all'interno della visione olistica possiamo dire che un'anima antica è un pezzettino di fibra vitale all'interno di una costruzione di tessuti più grande, una vasta rete, che è interconnessa con l'energia e la coscienza.

Quindi l'anima è intrisa di esperienze e conoscenze che ha accumulato durante le infinite incarnazioni che ha sperimentato e tutte queste reincarnazioni sono fili che si intrecciano con il tessuto stesso dell'universo.

L'anima e' quindi un frammento di tessuto, composto da tanti fili, che fa parte di una mappa universale, quasi un mosaico cosmico che riflette l'unità di tutte le cose e l'anima antica con le sue molteplici innumerevoli vite, la sua profonda ricchezza di esperienze, contribuisce essa stessa.

Contribuisce alla trama globale dell'esistenza, portando quindi comprensione, empatia, conoscenza e saggezza che vanno ben aldilà dell'esperienza individuale.

Quindi ne consegue che tutta questa connessione fa sì che l'anima antica non sia mai isolata ma sia un pezzettino di un sistema molto più ampio e ogni parte di essa interagisce con tutte le altre:
potremmo in un certo modo paragonarla ad una nota musicale, ad una melodia molto complessa e complicata, nella quale l'anima antica si aggiunge con le sue caratteristiche uniche a comporre la meravigliosa sinfonia dell'universo.

Immaginiamo quindi l'anima antica che ha già' acquisito una grande comprensione alle esperienze, alle lezioni imparate ed alla sua crescita spirituale, tutto questo farà vibrare l'anima come una nota e aiuterà questa musica dell'universo ad essere molto più fluida, mescolandosi con tutte le altre.

Possiamo quindi considerare che l'anima antica non è soltanto un individuo, non è soltanto un'anima ma ha dei collegamenti molto più profondi.

Infatti la saggezza accumulata e la evoluzione dello spirito di un'anima antica non influenzano soltanto la sua esperienza personale attuale ma anche tutta la rete di conoscenza con cui è intrecciata, interconnessa, come se fosse una rete neuronale.

Attraverso questa azione complessa e profonda l'anima antica diventa letteralmente una fibra di luce all'interno di questa tessitura universale, che irradia influenze positive, connessioni profonde di importanti non solo attraverso questo momento ma anche attraverso tutte le sfere e tutte le dimensioni.

(1) "Aulico" si riferisce spesso a un linguaggio elevato, formale e artificioso.
Quindi "anima non aulica" indica che questa anima antica non si esprime in modo pomposo o artificiale, ma piuttosto in modo autentico e sincero.

CAPITOLO 2 - La concezione dell'anima antica

Come ho accennato poco fa, l'anima antica è un tassello ed un mosaico di tante credenze spirituali, attraverso le varie epoche e le differenti culture ed è assolutamente affascinante.

Questo concetto ha le sue radici in un senso profondo di continuità, suggerendo quindi che le anime continuino il loro percorso attraverso il corso del tempo, durante una moltitudine di esperienze umane, ma non soltanto.

Le anime, attraverso le esperienze che accumulano durante le loro vite passate, si infondono di conoscenza e la portano con loro attraverso il flusso del tempo, arricchendosi di vita in vita, arricchendo la vita degli altri ed arricchendo anche l'intreccio profondo con il quale si è connessi con l'universo.

Quindi l'anima antica e' una vera e propria biblioteca, un archivio vivente di conoscenze, interazioni del passato, lezioni imparate, esperienze vissute attraverso le molteplici vite e le molte forme.

Per molte filosofie è quindi naturale collegare queste visioni di anime antiche con il concetto di reincarnazione, *attraverso il quale l'anima nasce e muore, attraversando cicli, assumendo forme differenti a livello fisico* ed affrontando sempre nuove sfide e nuove lezioni per poter crescere.

Ogni ciclo, oppure ogni vita, rappresenta in sé *un capitolo di un libro dello spirito* che è continuamente in evoluzione, non è mai fermo, mai stagnante, cambia continuamente, e l'anima antica cerca sempre la comprensione più profonda del mondo che la circonda e di se stessa.

Questo concetto è comune non soltanto alla più recente definizione olistica dello spirito ma anche alle culture e dalle tradizioni spirituali di tutto il mondo, che hanno aiutato a plasmare anche questo concetto.

Possiamo citare l'induismo, il buddismo, la filosofia greca, la stessa religione cattolica, che poi ha cancellato delle parti importanti dove si citava la reincarnazione, ma anche dei nativi Americani e di moltissime altre culture; tutte hanno come comune denominatore l'idea dell'anima antica che attraversa il tempo e le dimensioni in un lungo viaggio, esistenza dopo esistenza.

Questo concetto ci fa sicuramente soffermare e riflettere in maniera molto profonda sulla natura dell'individuo, sulla sua identità e sulla sua crescita personale.

Ci invita a considerare tutte le esperienze vissute ed in quale modo esse sono interconnesse tra di loro, ci invita a riflettere sulle esperienze vissute cercando di riconoscere le lezioni imparate nelle nostre vite precedenti e come esse stesse possano influenzare il nostro presente.

Le fondamenta scientifiche, dall'altra parte, aprono finestre verso l'indagine moderna.

L'ipnosi regressiva si erge come uno strumento che solleva l'ipotesi che frammenti di ricordi di vite passate possano emergere attraverso lo stato ipnotico.

In queste situazioni spesso emergono tracce di "anime antiche" che portano con sé frammenti di esperienze e saggezza accumulate nel corso delle esistenze passate.

Chi ha già effettuato una regressione ipnotica alle vite precedenti si rende conto di questa interconnessione, *perché spesso si identifica nelle vite precedenti, ed esse rappresentano in maniera significativa degli eventi che troviamo nuovamente in questa vita.*

Possono essere eventi, persone, situazioni, stati d'animo, o qualsiasi cosa che emerga durante la regressione e che possa essere facilmente identificata in questo momento in questa nostra vita.

Ci si renderà quindi conto che al termine di questa esperienza di regressione si tornerà a casa con degli elementi acquisiti, con dei ricordi che dureranno tutta la vita e che prima non avevamo, ma anche ricorderemo le emozioni, l'amore ricevuto, l'amore dato, e tutto quello che ci necessita oggi.

La regressione ci regala grande consapevolezza della vita intesa come transito, viaggio, una esperienza che facciamo in maniera regolare e costante innumerevoli volte, ogni volta che la nostra anima sente il desiderio di rientrare nella materialità, che sebbene molto pesante per lo spirito in realtà rappresenta l'unico modo per imparare determinate lezioni.

Sicuramente l'idea delle anime antiche è una spinta profonda a farsi delle domande in merito a come noi possiamo coltivare una consapevolezza di noi stessi ma anche del nostro scopo, non soltanto nella visione della vita che stiamo vivendo ma in un contesto spirituale molto più ampio.

Quindi potremmo dire che la concezione delle anime antiche crea, costruisce, rappresenta un ponte tra il passato e del presente, sapendo che esisterà un futuro; ma anche un legame profondo tra le tante generazioni, come una finestra attraverso la quale noi possiamo guardare da ammirare la ricerca interna del significato che caratterizza l'umanità.

2.1 - Le differenti credenze e tradizioni a livello culturale in merito alle anime antiche e le fondamenta storiche.

Esiste un panorama affascinante, molto diverso, sulle anime antiche, su come le tradizioni e le credenze differenti ne abbiano dipinto o provato ad interpretare il concetto stesso attraverso le molteplici vite.

Ogni cultura ha provato a modo suo, ed ha contribuito ad aggiungere delle tessere ad un mosaico unico in fatto di significati, interpretazioni, idee e concetti, evidenziando in questo modo quanto attraverso il tempo sia sempre stato importante concentrarsi sulla evoluzione spirituale e sulla sua importanza.

Si ritiene che il concetto di anima antica faccia parte del **Tao**, e ne sia stato da esso originato circa 5000 anni fa.

L'obiettivo dell'anima è quello che , dopo aver attraversato un infinità di esistenze ed essersi impregnato di conoscenze ed esperienze, possa ritornare finalmente al Tao.

Viene contemplata la concezione delle anime antiche ed è quindi non solo presente, ma qui pare vi nacque proprio il concetto .

Nel Taoismo ad esempio si ritiene che l'anima non sia altro che parte dell'energia del cosmo e che essa sia destinata alla sua evoluzione attraverso numerose incarnazioni, l'obiettivo finale è quello di raggiungere l'armonia con il Tao, che è il principio universale

Tuttavia, sebbene questa possa essere una importante traccia storica, ne troviamo tracce in moltissime culture.

Se prendiamo come esempio l'**Antico Egitto**, le anime venivano considerate legate al ciclo del sole in eterno, quindi la morte non era altro che una transizione durante la quale l'anima iniziava un viaggio verso l'aldilà e lo spirito avrebbe sostenuto un giudizio che riguardava per la sua vita terrena.

Le anime incarnavano quindi una saggezza molto profonda, che veniva accumulata attraverso il tempo, e questo compito che acquisivano era un ruolo chiave che sarebbe durato per l'eternità.

Nell'antico Egitto, si credeva che l'anima umana fosse composta da diverse parti, come il *"ka", il "ba" e il "akh"*, per citarne alcune.

Il "ka" era spesso associato all'essenza vitale e all'individualità, mentre il "ba" rappresentava l'aspetto spirituale dell'anima.
L'"akh" rappresentava invece 'aspetto immortale dell'anima, che poteva evolvere attraverso molte vite e raggiungere uno stato di purificazione e conoscenza.

L'antica saggezza egizia riflette l'idea della evoluzione dell'anima e lo fa attraverso molte fasi e componenti.

Questo concetto di 'anime antiche' era infatti parte integrante ed intrinseca della vita quotidiana, delle pratiche religiose e della preparazione per l'aldilà.

La visione egizia offre una prospettiva decisamente unica ed articolata dell'anima e della sua evoluzione spirituale, ponendo un importante accento sulla profonda connessione tra il mondo fisico e quello spirituale.

Questa visione complessa dell'anima egizia può essere associata in parte al concetto di 'anime antiche' nella misura in cui entrambi riflettono l'idea di una continuità dell'esperienza e dell'identità attraverso molte fasi (o vite) .

Tuttavia, mentre il concetto di 'anime antiche' si sviluppa principalmente nell'ambito delle tradizioni orientali come l'Induismo ,il Buddhismo ed il Taoismo, l'antica visione egizia dell'anima è unica e specifica della cultura e della religione dell'antico Egitto e differisce in maniera considerevole.

Invece nell'**Antica Grecia** le anime antiche erano spesso in connessione con il concetto di metempsicosi, detta anche 'trasmigrazione delle anime' **(2)**.

In accordo con questa prospettiva andavano ad attraversare una serie di vite attraverso una serie di corpi ed una serie di esperienze per l'evoluzione spirituale.

Troviamo questo concetto ben illustrato nel mito della reincarnazione di ER, nella Repubblica di Platone **(3)** , dove le anime scelgono esse stesse le nuove vite e le loro forme in base alle loro azioni passate.

Alcuni filosofi Greci, come Pitagora ed Eraclito, esploravano anche temi legati all'anima e al suo destino.

Nello specifico Pitagora, ad esempio, promuoveva l'idea di reincarnazione e riteneva che l'anima potesse progredire attraverso molte vite per raggiungere uno stato superiore di esistenza.

Eraclito, d'altra parte, rifletteva sulla natura dell'anima e sul suo legame con il fuoco cosmico, suggerendo una connessione profonda tra l'individuo e l'universo.

L'Orfismo, una corrente misterica e religiosa dell'antica Grecia, offriva una visione distintiva dell'anima e del suo percorso evolutivo.

Secondo l'Orfismo, l'anima umana era considerata intrappolata nel corpo come risultato di una punizione divina o di un'origine celeste.

Il suo scopo era quello di liberarsi dalla ciclica reincarnazione e ritornare alla sua natura divina originaria.

Questa visione dell'anima nel contesto dell'Orfismo trova un parallelo interessante con il concetto di 'anime antiche'.

Le anime intrappolate nel ciclo di nascite e morti, secondo l'Orfismo, cercavano la liberazione e la purificazione attraverso pratiche rituali, iniziatiche e morali.

Questa aspirazione all'evoluzione spirituale e alla riunione con la sorgente divina richiama l'obiettivo delle 'anime antiche' di progredire attraverso molte vite verso una comprensione più profonda e un'unità spirituale.

Purificazione e Rinascita:

Nell'Orfismo, la purificazione giocava un ruolo cruciale nel percorso dell'anima.

Attraverso rituali, digiuni e pratiche ascetiche, l'individuo cercava di eliminare le influenze negative e le impurità che avrebbero potuto ostacolare il progresso dell'anima verso la sua natura divina.

Questo processo di purificazione riflette la nozione di crescita e guarigione spirituale nelle 'anime antiche', in cui le esperienze passate e le azioni karmiche vengono affrontate per raggiungere un livello superiore di consapevolezza.

L'Ascesa dell'Anima:

Nelle pratiche orfiche, si riteneva che l'anima potesse ascendere verso regni superiori dopo la morte, avvicinandosi alla divinità e all'unità cosmica.

Questa ascesa dell'anima richiama l'idea di evoluzione spirituale nelle 'anime antiche', dove il percorso di crescita attraverso molte vite può portare alla comprensione della propria essenza intrinseca e alla realizzazione di uno stato più elevato di coscienza.

L'Orfismo dell'antica Grecia offre una prospettiva affascinante e significativa sull'evoluzione dell'anima, la sua liberazione dalle catene della materia e il suo ritorno alla sua natura divina.

Questi concetti si allineano con il concetto di 'anime antiche' nell'aspirazione a una crescita spirituale attraverso esperienze successive e il perseguimento di una connessione più profonda con la realtà universale.

L'Orfismo rappresenta quindi un prezioso tassello nel mosaico delle diverse concezioni delle 'anime antiche'.

Invece affrontando le tradizioni spirituali dell'India e dell'Asia, ad esempio **l'Induismo ed il Buddhismo,** troviamo quando sia profonda la concezione delle anime antiche, molto radicata.

Il concetto di metempsicosi si trova anche nel **cristianesimo occulto, nel giudaismo non tradizionale, nei libri ermetici,** * per citarne alcune altre tradizioni.

(* note: *cristianesimo occulto* – termine non riconosciuto all'interno delle tradizione Cristiane che conosciamo ma che rappresenta un movimento che include conoscenze segrete, rituali, pratiche spirituali, cabala, astrologia, ermetismo, pratiche magiche o mistiche.
Giudaismo – nel giudaismo classico non esiste il concetto di reincarnazione ma anche in questo caso ci si riferisce a particolari movimenti antichi non tradizionali.
Libri ermetici – noti anche Corpus Hermeticum, sono una collezione di testi scritti da Ermete Trismegisto e trattano temi legati all'anima ed alla sua connessione con il

divino. Sebbene non se ne parli in modo esplicito i testi possono riflettere il concetto di un'anima che ha un percorso evolutivo attraverso diverse esperienze.)

Il concetto di metempsicosi si trova anche in diverse culture tribali, ad esempio in Madagascar, dove in alcune sfumature le ricerche antropologiche interpretano una relazione tra il ciclo di vita e morte, dove e' presente la reincarnazione degli antenati nelle nuove generazioni.

In Africa troviamo i **Dogon** (Mali), gli **Akan** (Ghana e Costa D'Avorio) e gli **Yoruba** (Niger, Benin, Togo).

La cultura **Yoruba** , dell'Africa occidentale, vede le anime antiche come legate agli Orisha, che sono gli spiriti divini che hanno il potere di intercedere tra il mondo del divino ed il mondo degli esseri umani.

Queste anime antiche portano con sé la saggezza degli antenati, l'eredità spirituale di tante esistenze e svolgono un ruolo significativo e molto importante nella conservazione delle tradizioni e nelle pratiche rituali.

Pur non essendoci il concetto ben definito di nascita e morte inteso come ciclo, esiste il concetto di di una continuita' e del viaggio dell'anima dopo la morte.

Ma anche in Oceania, basti ricordare I **Mahori** Nuova Zelanda) , gli **Hawaiani** e gli **Aborigeni Australiani**.
Sempre ricordando che le credenze variano anche all'interno del territorio, a seconda di ciascun gruppo e da tribù' a tribù'.

Nell'**Induismo** esiste il **Samsara**, ovvero il ciclo rinascita morte e rinascita, governato dal karma e da tutte le azioni passate.

Le anime quindi si incarnano con l'idea di evolvere attraverso esperienze multiple per raggiungere il fine dell'illuminazione.

Nell'**Induismo**, le 'anime antiche' sono associate al concetto di "atman", l'essenza individuale eterna.

Queste anime attraversano varie incarnazioni, accumulando karma attraverso azioni passate.

L'obiettivo è raggiungere la liberazione dal ciclo di nascita, morte e rinascita (Samsara), cercando l'unione con il Brahman, la forza universale.

Nel **Buddhismo** l'obiettivo è quello del Nirvana, ovvero il superamento del ciclo delle rinascite, e le anime antiche affrontano molti viaggi molte vite per giungere finalmente a questa meta.

La nozione di "anima antica" potrebbe essere interpretata attraverso il concetto di "anatta", che sottolinea l'assenza di un sé permanente.

Tuttavia, la dottrina del karma e della reincarnazione è parte integrante del buddhismo, portando alla possibilità di accumulare esperienze attraverso molte vite.

Molte **culture indigene** in tutto il mondo condividono concetti simili di cicli di vita, morte e rinascita.

Queste culture spesso comprendono l'importanza di una connessione armoniosa con la natura e la comunità.

L'anima è vista come parte di un ciclo più ampio di esistenza che comprende sia gli esseri umani che il mondo naturale.

In alcune **tradizioni esoteriche dell'occidente**, come l'ermetismo e l'antroposofia, le anime antiche potrebbero essere considerate come esseri che si evolvono attraverso molte vite per raggiungere uno stato di perfezione spirituale o di unione con il divino.

Nelle **antiche civiltà celtiche,** tra cui quelle dei druidi, emergeva una profonda connessione con la natura e con il ciclo delle stagioni.

Si credeva che l'anima fosse legata alla terra e ai suoi cicli, e che la morte fosse semplicemente una fase di trasformazione in un altro stato di esistenza.

L'idea di reincarnazione o di ritorno ciclico era spesso presente nelle credenze celtiche.

Nella **mitologia Nordica Norrena**, si trovano concetti simili riguardo alle anime e alla loro natura evolutiva.

Le credenze vichinghe suggerivano che le anime potessero essere ricompensate o punite dopo la morte in base alle loro azioni nella vita.

L'idea di una continuità dell'anima attraverso il tempo e le esperienze era parte integrante delle credenze nordiche.

In molte parti dell'Asia, come in **Giappone** e in alcune parti dell'**India**, esistono credenze sulla reincarnazione e sulla trasmissione delle anime attraverso il tempo.

Il concetto di un'anima che evolve attraverso molte vite era spesso parte integrante della visione spirituale.

Nel **Sikhismo,** religione monoteista del Pakistan ed India nata nel XV secolo, le 'anime antiche' sono percepite come scintille divine – essenze spirituali dette(Jiva che possono liberarsi dal ciclo di nascita e morte attraverso la devozione a Dio.

I Sikh credono in un ciclo di rinascite e morti e si concentrano principalmente sulla liberazione spirituale dalla sofferenza come obiettivo finale.

La pratica mira a riconoscere la divinità interiore e a unirsi con Dio, superando il ciclo di rinascite.

Le civiltà come gli **Aztechi e gli Inca** avevano complesse concezioni delle anime e della loro relazione con il mondo spirituale.

Spesso si credeva che le anime potessero ritornare in diverse forme o esseri viventi, e che avessero un ruolo significativo nei rituali e nella vita quotidiana.

I **Nativi Americani** hanno molte tradizioni spirituali, e posso citare quella degli Hopi, che incorpora anche il concetto proprio di anima antica.

Quindi per loro le anime incarnate venivano considerate assolutamente e naturalmente connesse ad una società spirituale nella quale le anime antiche e quelle attuali collaboravano insieme per poter preservare l'equilibrio del mondo naturale.

Non esisteva una scissione tra questa dimensione e la dimensione dell'oltre, veniva vissuta e vista come una unica unità, anche qui una interconnessione, dove in queste culture le anime antiche portavano con sé all'interno dei villaggi e delle tribù la saggezza dei tempi ormai passati necessaria per poter guidare tutta la comunità.

Parlando dei Nativi Americani e delle popolazioni indigene dell'America, non posso non citare i **Lakota ed i Navajo.**

Nelle loro tradizioni spirituali le anime antiche sono collegate ad un concetto di continuità spirituale, ovvero si ritiene che le anime portino con sé tutte le esperienze e tutte le conoscenze delle generazioni passati, contribuendo in questo modo alla saggezza della comunità ma anche la loro stabilità e continuità.

Questi sono soltanto alcuni degli esempi delle diverse credenze e delle diverse tradizioni culturali sulle anime antiche, e potremmo definirlo un assaggio.

Da sempre l'uomo ha una visione orientata verso il desiderio di dare un senso alla propria vita, così alla morte, ma allo stesso tempo anche all'evoluzione dell'anima e queste sono prospettive variegate molto ricche che ci invitano a contemplare l'interconnessione tra le varie culture ed a conoscere il significato che da sempre si cerca, a livello universale, per poter unire e comprendere l'umanità attraverso i tempi.

Proseguendo ci spostiamo in Asia orientale e troviamo il **Confucianesimo** che non ha una visione definita sulla reincarnazione come la si trova in alcune altre tradizioni religiose e filosofiche.

Tuttavia alcuni aspetti delle credenze popolari

cinesi includono elementi di reincarnazione e credenze legate all'aldilà, ma queste non fanno parte del nucleo fondamentale del confucianesimo come sistema di pensiero.

Nel confucianesimo, il concetto di "anime antiche" è associato alla nozione di un legame profondo con le tradizioni, la cultura e la saggezza dei predecessori.

Nel contesto del confucianesimo, le "anime antiche" si riferiscono spesso ai valori, agli insegnamenti e alle virtù tramandate attraverso le generazioni.

Questo concetto riflette l'importanza del rispetto per la saggezza dei predecessori e per la tradizione.

Gli insegnamenti di Confucio pongono un forte accento sulla continuità della conoscenza e sulla trasmissione di valori morali da una generazione all'altra.

Nel pensiero confuciano, gli individui sono incoraggiati a onorare e imparare dagli antenati, a seguire il "dao" (il percorso o il modo) degli antichi saggi e a cercare la virtù attraverso l'auto-coltivazione.

Questo coinvolge l'assorbire le lezioni dei saggi precedenti, riflettendo su di esse e cercando di applicarle alla propria vita.

Gli insegnamenti confuciani sottolineano l'importanza della coerenza tra passato, presente e futuro, affinché la società possa raggiungere un ordine armonioso basato su virtù come la pietà filiale, la giustizia e il rispetto reciproco.

In Occidente invece il concetto di anime antiche e l' approccio usato e' spesso associato a movimenti spirituali che potremmo definire alternativi, filosofici ed esoterici, ma anche ad alcune correnti del pensiero **New Age**.

Le **religioni Abramitiche** tradizionali comunemente non incorporano l'idea di anime antiche, anche se ci sono alcuni ambiti in cui questo concetto viene in realtà esplorato o adattato

Va tuttavia sottolineato che in realtà il **Cristianesimo Primitivo** presentava il concetto di reincarnazione che però è stato eliminato in un secondo tempo.

Dicevamo che le **antiche religioni occidentali** non contemplano l'idea delle anime antiche quindi della reincarnazione, ma questo *non è corretto*.

Infatti si trovano, sia nel Vecchio che nel Nuovo Testamento della **Bibbia,** le idee di reincarnazione, sebbene non siano esplicitamente menzionate come avviene nel contesto delle tradizioni orientali.

Alcuni studiosi e interpreti di questi testi hanno infatti suggerito che alcune scritture potrebbero essere interpretate proprio in modo che richiamano concetti inerenti alla reincarnazione.

Questi concetti ovviamente non rappresentano la posizione ufficiale della Chiesa e vedremo in un secondo momento il perché, per ora soffermiamoci su alcuni esempi:

Giovanni il Battista ed Elia: nel Vangelo secondo Matteo (17:10:13) Gesù fa riferimento a Giovanni Battista, come la reincarnazione di Elia.

Nascita dall'alto: nel Vangelo secondo Giovanni (3:3-8) Gesù parla del suo essere nato dall'alto o del nascere di nuovo; alcuni studiosi hanno interpretato questa frase come chiara allusione alla reincarnazione.

Il cieco nato: nel Vangelo secondo Giovanni (9:1-3) Gesù guarisce un uomo cieco dalla nascita e gli apostoli domandano lui se l'uomo fosse stato punito per il suo peccato oppure per quello dei suoi genitori.
Questa domanda viene interpretata come una considerazione della preesistenza dell'anima e della connessione tra altre vite.

Insegnamenti sulla resurrezione: anche se non direttamente collegati alla reincarnazione nel Nuovo Testamento si trovano gli insegnamenti sulla risurrezione dei morti, e potrebbero essere interpretati proprio come concetti legati alla continuità dell'anima.

Nascita da nuovo: nel Vangelo di Giovanni (3:1-8) Gesù parla con Nicodemo della necessità del nascere da nuovo, anche in questo caso viene fatta una allusione al reincarnazione.

Insegnamenti di Paolo: alcuni insegnamenti dell'apostolo Paolo come quelli sulla semina e raccolta (1 Corinzi 15:35-44) sono stati interpretati come suggerimenti di un ciclo di nascita e morte quale la reincarnazione.

Reincarnazione dei morti: in alcuni insegnamenti di Paolo in merito alla risurrezione dei morti (1 Corinzi 15:35-58) si parla della trasformazione del corpo, alcuni hanno interpretato questo processo come la trasmutazione e la reincarnazione del corpo.

Non va trascurato il fatto che Gesù stesso risorse dopo tre giorni, fatto non da poco.

Se nella teologia Cristiana la resurrezione di Gesù viene vista come un evento unico e miracoloso altre teorie hanno invece visto un collegamento tra la risurrezione di Gesù e la reincarnazione, sostenendo che la risurrezione potrebbe essere interpretata come una rinascita dopo la morte.

Sottolineo che anche questo concetto non fa parte dell'insegnamento della Chiesa.

Tornando al principio le prime fasi del Cristianesimo ed alcuni padri della Chiesa esplorarono l'idea della preesistenza delle anime.

Origene (Uno dei Padri della Chiesa, tra i principali teologi della sua epoca, scrittore e studioso Cristiano di origine Greca - 184 – 253 D.C – venne condannato in seguito per le sue dottrine considerate eretiche) in particolare sostenne proprio che le anime esistevano già prima della nascita e che avrebbero attraversato una serie di vite per raggiungere la salvezza.

Questo concetto di reincarnazione venne però discusso e rivisto in uno dei momenti chiave in cui la chiesa si pronunciò proprio su questo argomento e fu durante *il concilio di*

Costantinopoli nel 553 D.C.

Durante questo concilio l'idea di Origene venne considerata eretica e quindi questo giudizio influenzò in maniera importante la posizione ufficiale della Chiesa sul concetto della reincarnazione.

È importante notare che durante il concilio di Costantinopoli ci si concentrò maggiormente e principalmente sull'insegnamento di Origene e sulla questione dell'apocatastasi (restaurazione di tutte le anime, anche di quelle dannate, che verranno poi riconciliate e e ricongiunte con Dio) ma non affrontò il discorso generale e più dettagliato della reincarnazione.

Quindi l'eliminazione di questo concetto dalla discussione teologica e dalla dottrina ufficiale della Chiesa non avvenne in quel preciso momento ma fu bensì un processo più graduale e si sviluppò nel corso dei secoli successivi, consolidando altre dottrine che divennero ufficiali a discapito di queste, abbandonate..

Divenne predominante la resurrezione dei morti, con le anime che restano in attesa della fine dei tempi in attesa di essere ricongiunti con i propri corpi, che e' chiaramente in contrasto con l'idea della reincarnazione.

Troviamo poi il concetto di anime antiche in molte tradizioni esoteriche occidentali, quali ad esempio **il neo paganesimo**, movimento spirituale che cerca di reinterpretate , ricostruire o rivivere le pratiche delle culture pre cristiane (es . Basate su miti dell'antica Grecia o Roma, Celti o alle pratiche Mitologiche Nordiche) che contemplano l'idea delle anime che si evolvono attraverso i cicli di reincarnazione.

Il movimento **New Age** abbraccia l'idea di reincarnazione così come quello di evoluzione spirituale attraverso il passaggio di molte vite.

Oggi abbiamo anche 'ipnosi regressiva alle vite precedenti, che non e' ne' una filosofia ne' una religione, e si occupa esattamente di andare alla ricerca di quello che è stato prima di questa vita attuale, sondando la mente e cercando di fare ricordare i vari capitoli del nostro libro.

Sebbene l'ipnosi sia una pratica molto antica, la branca specifica della regressione alle vite precedenti e' conosciuta dalla fine del 1800 e precisamente grazie ad Edgar Cayce.

Edgar Cayce, Statunitense, era chiamato il profeta dormiente e diceva di poter accedere alle informazioni dall'aldila' attraverso l'ipnosi.
Durante le sue sessioni arrivavano spesso descrizioni di vite precedenti.

Ma dobbiamo arrivare a tempi piu' recenti e contemporanei, precisamente agli anni '70, grazie al Professor *Brian Weiss,* che si può dire casualmente scoprì la possibilità di andare indietro nel tempo ben prima di questa vita.

Brian Weiss è un famosissimo psichiatra che ha contribuito in maniera significativa alla diffusione *dell'ipnosi regressiva attuata a scopo terapeutico così come di esplorazione della mente.*

I suoi lavori hanno avuto un incredibile impatto nella comprensione delle esperienze passate, quindi delle vite precedenti, e altresì nella cura dei traumi attraverso la regressione ipnotica

Possiamo dire che al principio della sua carriera il professore era uno psichiatra di tipo tradizionale, che seguiva tutti i metodi terapeutici convenzionali ma la sua idea iniziò a modificarsi a seguito della terapia su una paziente di nome Catherine, la quale, in maniera completamente spontanea, iniziò a parlare di regressioni a vite precedenti ed a raccontare eventi che non potevano essere in alcun modo raccontati spiegati in accordo alle sue esperienze attuali.

Il professor Weiss rimase al principio sbalordito, poi affascinato e quindi molto intrigato da quello che stava accadendo e decise di esplorare maggiormente quello che usciva fuori dalle sessioni di ipnosi.

Inizio' quindi ad effettuare un tipo di ipnosi specifico per condurre la sua paziente proprio a ricordare e rivivere quello che al tempo venivano considerate come ' presunte vite passate'.

Attraverso queste sessioni il Professore iniziò a tenere un diario e ad a raccogliere tutto ciò che veniva a lui raccontato, verificando tutto ciò che era verificabile e riscontrando che i dettagli erano incredibilmente precisi e coerenti sui luoghi, sulle persone, sugli eventi, che corrispondevano ai periodi storici elencati della quale la paziente non aveva conoscenza.

Questo rappresentò certamente un momento di svolta importante poiché da quel momento il Professor Weiss continuo' ad esplorare maggiormente la ipnosi regressiva attuata a scopo terapeutico e di esplorazione.

Proprio a seguito di questi eventi il Professore scrisse il suo primo libro, intitolato 'molte vite, un solo amore' che venne pubblicato nel 1988 nel quale si racconta la storia di Catherine e nel quale si inizia a parlare del concetto di reincarnazione e di vite passate.

Il libro ottenne un'attenzione incredibile, ed ancora oggi è un libro che in genere non manca nella libreria di chi è interessato a questo argomento.

Porto' alla luce l'aspetto terapeutico della ipnosi regressiva per quanto riguarda il trattamento di fobie, traumi ansie ed aprì la strada all'utilizzo di questa metodologia come strumento per esplorare il passato, per conoscersi maggiormente e per promuovere la guarigione.

Brian Weiss ha scritto altri libri, incentrati su un medesimo soggetto, e il suo lavoro ha influenzato in maniera mòlto importante i terapeuti che hanno così deciso di abbracciare l'idea che le esperienze passate possano in qualche maniera avere un impatto sulla vita attuale e quindi attraverso gli usi dell'ipnosi regressiva si possa accedere a queste memorie e favorire la crescita personale e la guarigione.

La concezione di anima antica tuttavia non si

limita soltanto a una visione olistica, religiosa oppure spirituale ma trova il suo posto anche all'interno della **psicologia trans-personale (4)**, così come nelle teorie scientifiche sulla coscienza.

In queste tradizioni, l'evoluzione delle 'anime antiche' attraverso molte vite rappresenta un percorso di crescita spirituale, di purificazione e di ricerca profonda della realtà ultima.

La centralità delle 'anime antiche' sottolinea l'importanza di condurre una vita etica, di coltivare la saggezza e di cercare la connessione con il divino per raggiungere la liberazione e l'illuminazione.

2.2 La regressione ipnotica e le anime antiche

Le testimonianze di regressione ipnotica, le teorie sulla memoria trans-generazionale **(5)** e gli studi sulle esperienze di vita passata stuzzicano l'idea che le nostre esperienze passate possano, ad oggi, influenzare la nostra psiche e la nostra coscienza umana.

Quindi le diverse credenze popolari, così come le tradizioni culturali sulle anime antiche, sono certamente un riflesso della profondità di ciò che è l'esperienza umana anche nella intensa ricerca del dare un significato ed una connessione alla vita ed alla morte.

Questi punti di vista offrono una ricca panoramica, molto sfaccettata, sulla evoluzione spirituale ma anche sull'interconnessione dell'umanità attraverso il tempo e lo spazio.

Parlando di anime antiche la regressione ipnotica alle vite precedenti può essere a tutti gli effetti considerata proprio come una finestra che si apre sulle vite passate e che ci consente di esplorare le tracce delle esperienze che attraverso il tempo la nostra anima ha accumulato

Attraverso questa pratica infatti è possibile riuscire ad accedere a memorie, ricordi, conoscenze, esperienze, che sono contenute all'interno del nostro archivio dell'anima antica.

In questo modo possiamo comprendere meglio quello che viviamo oggi, le nostre sfide, ciò che dobbiamo imparare, così come le connessioni che hanno contribuito alla evoluzione dell'anima.

Attraverso la regressione e' infatti possibile ottenere una prospettiva unica e differente in merito al concetto di anime antiche, facendo in modo che le persone possano sperimentare direttamente il loro passato, anche quello più remoto, sentendosi così in questo modo connesso con le proprie esperienze di vita precedenti.

Coloro che si sottopongono a una sessione di ipnosi regressiva viverono momenti molto significativi, riescono a scoprire situazioni ricorrenti in tutte le vite e quindi anche in quella attuale, ed è così possibile anche acquisire una consapevolezza maggiore riguardo alla nostra direzione di vita ed alle dinamiche che stanno plasmando il nostro attuale percorso spirituale.

Come ipnotista, specializzata in ipnosi regressiva alle vite precedenti, quello che posso vedere quotidianamente nelle persone sottoposte alle sedute e' lo sviluppo dei ricordi, e le persone finalmente se ne appropriano o meglio se ne riappropriano, essendo solo dimenticati.

Tali ricordi restano in loro chiari , vividi, incisi nella loro memoria per sempre.

Questa caratteristica non è presente nelle fantasie che, dopo qualche tempo, sbiadiscono e scompaiono.

La pratica richiede una guida esperta, che possa accompagnare passo passo durante tutto questo viaggio a ritroso, mentre chi riceve la sessione dovrà poi interpretare le esperienze emerse.

In conclusione la regressione ipnotica alle vite precedenti rappresenta, per mia esperienza, un ponte tra la coscienza umana, le vite precedenti e le anime antiche.

La regressione ipnotica alle vite precedenti è una opzione che, come professionista, ritengo meriti una considerazione rispettosa e seria e vada trattata con mente aperta, con la capacità di riconoscere le sfumature e le complessità associate a questa pratica.

(2) La metempsicosi, anche conosciuta come

"trasmigrazione delle anime" o "reincarnazione", è un concetto filosofico e religioso secondo cui le anime possono passare da un corpo all'altro dopo la morte. Questo concetto è presente in diverse culture e tradizioni religiose in tutto il mondo, inclusa l'antica filosofia greca, l'induismo, il buddhismo e alcune forme di spiritualità occidentale e orientale.

Nella filosofia greca antica, la metempsicosi era spesso associata alle opere di pensatori come Pitagora e Platone. Pitagora, ad esempio, credeva nella trasmigrazione delle anime come un processo di purificazione e crescita spirituale. Platone, nel suo dialogo "Fedone", esplora l'idea della preesistenza delle anime e della loro continuazione attraverso diverse incarnazioni.

Nelle religioni indù e buddiste, la reincarnazione è un concetto centrale. Secondo l'induismo, le anime attraversano una serie di vite in vari corpi fisici e forme, a meno che non raggiungano il Moksha (la liberazione dal ciclo di reincarnazione) attraverso l'auto-realizzazione e il raggiungimento di uno stato di unione con l'Assoluto. Nel Buddhismo, la reincarnazione è legata alla nozione di Samsara, il ciclo di nascita, morte e rinascita, e la meta ultima è quella di raggiungere il nirvana, un'uscita dal ciclo.

In alcune forme di spiritualità occidentale, come il neopaganesimo e l'occultismo, il concetto di reincarnazione è stato incorporato in varie teorie e pratiche.

La metempsicosi o reincarnazione è un concetto che riflette la credenza nella continuità dell'anima attraverso molteplici corpi e vite, spesso in connessione con idee di evoluzione spirituale, apprendimento e crescita. Le interpretazioni e le credenze relative alla metempsicosi variano notevolmente a seconda della cultura, della religione e della filosofia di riferimento

(4) Il mito della reincarnazione di Er è un passaggio celebre presente nel libro "La Repubblica" di Platone. Esso si trova nel decimo libro del dialogo, noto anche come "La resurrezione di Er". Questo mito è narrato da Socrate a Glaucone ed è una sorta di visione post mortem che offre un'immagine della vita dopo la morte e del processo di reincarnazione. Ecco un riassunto del mito:Er era un soldato che era stato dato per morto in battaglia, ma dopo dodici giorni il suo corpo fu ritrovato intatto.
Er raccontò che durante il suo periodo di morte, l'anima gli era uscita dal corpo e aveva avuto un'esperienza nell'aldilà. Gli venne mostrato un luogo in cui le anime venivano giudicate e poi selezionate per le loro prossime vite. Questa selezione avveniva sulla base delle azioni che avevano compiuto nella loro vita precedente.Le anime potevano scegliere nuovi destini in base alla loro condotta precedente.
Er rivelò che c'erano vari tipi di reincarnazioni possibili, alcune premiate con una vita migliore e altre punite con una vita più difficile. Ad esempio, un'anima poteva essere reincarnata in un corpo nobile

o regale a causa delle sue virtù passate, mentre un'anima colpevole di ingiustizie o malvagità poteva essere reincarnata in un corpo di animale o in una condizione di sofferenza.

Il mito di Er, che è una delle parti finali della "Repubblica", serve come una sorta di parabola morale che evidenzia l'importanza dell'etica e delle azioni giuste durante la vita.

Platone attraverso questo mito cerca di comunicare l'idea che le scelte e le azioni che facciamo in questa vita avranno conseguenze nella nostra vita futura, e che l'anima è soggetta a un ciclo di ricompense e punizioni attraverso il processo di reincarnazione.

Questo mito ha avuto un impatto significativo sulla visione filosofica e religiosa dell'aldilà e della reincarnazione in diverse tradizioni spirituali.

La psicologia trans-personale è una branca della psicologia che si occupa di esplorare e comprendere l'aspetto spirituale, trascendente e trans-personale dell'esperienza umana.

Questa disciplina riconosce che la psiche umana va oltre gli aspetti individuali e personali, includendo dimensioni più ampie legate alla coscienza, alla spiritualità e alla connessione con il mondo e l'universo.

(5) La teoria della memoria trans-generazionale suggerisce che le esperienze, le emozioni e persino le tracce di eventi vissuti dalle generazioni precedenti possono essere trasmesse attraverso le generazioni successive. Questo concetto è spesso discusso nell'ambito della psicologia, della psichiatria e delle scienze sociali. Tuttavia, è importante notare che tutti gli aspetti di questa teoria sono ampiamente accettati dalla comunità scientifica, e alcune questioni sono ancora oggetto di ricerca e dibattito.

Ci sono diverse teorie e approcci alla memoria transgenerazionale:

Memoria epigenetica: L'epigenetica è lo studio delle modifiche chimiche che avvengono nel DNA e che possono influenzare l'espressione dei geni senza alterare la sequenza del DNA stesso. Alcuni studi suggeriscono che le esperienze vissute dalle generazioni precedenti potrebbero influenzare le marcature epigenetiche nel DNA, che a loro volta potrebbero essere ereditate dalle generazioni successive. Questo potrebbe avere un impatto sul rischio di sviluppare alcune malattie o condizioni. L'epigenetica suggerisce che gli eventi e l'ambiente possono influenzare l'attivazione o l'inattivazione dei geni, e alcune di queste modifiche epigenetiche potrebbero essere ereditate dalle generazioni successive. Questo potrebbe portare a cambiamenti nel comportamento e nelle risposte biologiche delle future generazioni.

Trauma intergenerazionale: Alcuni ricercatori suggeriscono che il trauma e lo stress estremo vissuti da una generazione potrebbero avere un impatto sul benessere psicologico e fisiologico delle generazioni successive. Questa idea è basata sulla possibilità che i segni emotivi e psicologici di eventi traumatici possano essere trasmessi attraverso le storie familiari, le dinamiche relazionali e i modelli di comportamento.

Psicogenealogia: Questa teoria suggerisce che gli eventi traumatici o significativi nella vita di una persona possono lasciare un'impronta psicologica che viene trasmessa attraverso le generazioni. Ad esempio, traumi o problemi irrisolti possono manifestarsi come emozioni o schemi di comportamento in membri successivi della famiglia.

Memoria Cellulare: Alcune prospettive suggeriscono che l'informazione e le esperienze possono essere memorizzate nelle cellule stesse e trasmesse attraverso la linea genetica. Questo suggerisce che le esperienze di una generazione potrebbero influenzare il comportamento e le reazioni delle generazioni successive.

Ricordo Collettivo: Questa teoria si basa sull'idea che le esperienze e le memorie di un gruppo o di una comunità possono influenzare la cultura, le tradizioni e le credenze delle generazioni future. Questa trasmissione culturale potrebbe avvenire attraverso storie, miti, rituali e altri mezzi di comunicazione.

Psicologia dell'Attaccamento: Alcuni studiosi suggeriscono che i modelli di attaccamento formati nell'infanzia possono influenzare la relazione genitore-figlio e, di conseguenza, possono influenzare come il bambino si sviluppa emotivamente e interagisce con gli altri nella sua vita.

Memoria Sociale e Transizione di Conoscenza: Questa teoria riguarda il trasferimento di conoscenze e tradizioni da una generazione all'altra attraverso l'istruzione formale e informale. Le generazioni successive possono beneficiare dell'esperienza accumulata delle generazioni precedenti.

2.3 - Reincarnazione ed anime antiche: la connessione

Tra le anime antiche e la reincarnazione è inevitabile che esista una connessione molto forte, anche attraverso un intreccio molto affascinante di credenze che si estendono attraverso relazioni sia filosofiche che spirituali

La reincarnazione come abbiamo visto rappresenta l'idea che le anime siano soggette a cicli di nascita morte e rinascita, e le anime antiche, conseguentemente, ne hanno attraversato molte di queste esperienze.

Durante le reincarnazioni le anime si trovano di fronte ad una serie di vite umane, o di altre forme di esistenza anche in altre dimensioni, e devono attraversare queste esperienze nelle quali si trovano, affrontandone le sfide, evolvendo spiritualmente, imparando delle lezioni.

Ogni vita, sempre nell'ambito della reincarnazione, viene considerata come un capitolo.

Un capitolo nel contesto del percorso dell'anima verso la crescita e verso l'illuminazione.

Si ritiene che alcune anime abbiano sperimentato moltissime di queste vite e così facendo hanno accumulato tantissime esperienze,e la capacità di comprendere, emozioni e situazioni, ed hanno sviluppato anche una profonda saggezza, tra le altre cose.

Le anime antiche arrivano a noi portando con sé tutto questo importante bagaglio e si considerano come portatori di antiche eredità spirituali, che contengono tutte le esperienze vissute nelle vite precedenti, e vengono naturalmente riflesse sia nell'identità che anche nel percorso evolutivo dell'anima.

Esse portano con sé una conoscenza molto profonda, una saggezza che è riconoscibile come non appartenente a una singola esistenza.

Tutte le esperienze fatte durante le vite passate contribuiscono alle direzioni prese nelle vite presenti , e contribuiranno a quelle future.

Attraverso la conoscenza maturata durante tutte queste vite si può dire che la connessione tra la reincarnazione delle anime antiche crea una interconnessione e che le anime non siano mai separate ne' isolate, piuttosto sono sempre connesse, in un fluire di esperienze e conoscenze costanti e, con il loro bagaglio così ricco di esperienze passate, possono influenzare la lezione della vita di oggi, ma anche lo sviluppo delle vite successive, creando in questa maniera un percorso evolutivo che attraversa il tempo .

Questo viene attuato attraverso una forma di consapevolezza, che può essere inizialmente latente ed essere stata riconosciuta dopo.

Quindi si può dire che questa connessione tra le anime antiche e la incarnazione è una visione veramente affascinante ed offre una prospettiva su quale possa essere il percorso dell'anima attraverso tempo, ed attraverso le numerosissime connessioni tra tutte le esperienze passate e presenti e future.

È un concetto che invita moltissimo a riflettere sul significato del viaggio dell'anima, della nostra vita oggi, e sulla ricerca che abbiamo costantemente come livello di crescita, di saggezza e di consapevolezza, durante tutte le ere della nostra vita.

CAPITOLO 3: cosa contraddistingue le anime antiche.

Sempre avvolte da una speciale aura di mistero e di profondità che le rende certamente uniche, e poiché si crede che abbiano traversato molte, molte vite, esse hanno una serie di caratteristiche che le distinguono dalle anime meno antiche

Vediamole insieme.

Le anime antiche hanno una necessità molto forte di trovare e di accrescere la loro parte spirituale, come se cercassero il loro posto

nel mondo, sono sempre alla ricerca di qualche cosa.

Le anime antiche amano imparare, è proprio come se sentissero la necessità costante di apprendere, però lo devono fare a modo loro.

A volte può essere più osservando gli altri che non attraverso delle lezioni vere proprie, devono trovare il loro metodo.

Le anime antiche sono molto mature, gia anche da molto giovani; da bambini sentono come se i giochi per la loro età fossero troppo poco, non adeguati.

Quando parlano hanno una maturità che non è comune ai bambini della loro età.

La saggezza delle anime antiche non ha nulla a che vedere con l'età anagrafica, *è una saggezza molto più profonda e per la quale si sono pagati molti prezzi.*

Poiché sono molto maturi, sembrano vibrare in una maniera diversa e già da piccoli e delle volte possono relazionarsi con gli adulti e dare delle risposte che possono lasciare a volte perplessi proprio per il grado di maturità.

La saggezza innata.

Una delle caratteristiche che distingue le anime antiche è proprio la saggezza innata che li contraddistingue, pare infatti quasi come possedessero una connessione molto profonda delle differenti verità universali e anche delle dinamiche della vita.

Questa saggezza, come abbiamo visto, arriva proprio dalle tante esperienze passate e dalle innumerevoli lezioni apprese durante l'attraversamento delle differenti esistenze, che creano una intuizione molto profonda e che va bene oltre la conoscenza intellettuale.

La saggezza innata e quindi vista come un riflesso delle tante esperienze delle lezioni apprese perché è come se le anime antiche stesse nascessero già con un senso di *comprensione e di intuizione* molto profondo, che va oltre a ciò che può spiegarsi semplicemente utilizzando la scusa dell'educazione oppure dell'apprendimento in via naturale.

La saggezza innata può anche essere vista come una forma di acutezza, spesso spirituale, che permette di vedere oltre le normali apparenze, cogliendo il significato più profondo delle varie situazioni.

Del resto la conoscenza acquisita deriva proprio dalle esperienze vissute e da tutte quelle informazioni che sono state apprese imparate durante le molteplici incarnazioni, in considerazione dell'attraversamento della varietà di contesti culturali, emotivi, sociali, che hanno permesso loro di accumulare una vastissima gamma di conoscenza su argomenti molto differenti, sia che sia di tipo pratico che di tipo filosofico, che sia scientifico, spirituale o più pragmatico.

E la saggezza innata e quindi una qualità, o dote che può guidare verso profonde rivelazioni interiori, che possono essere usate per se stessi e per le proprie sfide, così come per aiutare gli altri durante il loro percorso.

Proprio per queste caratteristiche non è raro che molte persone che possiedono appunto questa anima antica, spesso vengano assunte come personalità con ruolo di guida, di insegnamento, di supporto all'interno delle comunità in cui vivono; la capacità di vedere oltre quello che è pura apparenza e di poter offrire delle prospettive tipo differenti, che vanno oltre ad una conoscenza superficiale, è di ispirazione guida per tutti coloro che li circondano.

Anche l'empatia e la compassione è un sentimento molto forte che viene manifestato da chi ha vissuto un numero molto alto di vite precedenti.

Avendo camminato attraverso una incredibile varietà di esperienze umane, attraverso tantissime culture, in questa ed in altre dimensioni, le anime antiche hanno sviluppato la comprensione verso le sfide, capendo ed avvertendo le gioie degli altri in maniera empatica e sensibile, e sono quindi connessi con una gamma incredibile di esperienze umane.

L'empatia e la comprensione profonda delle persone rappresentano qualità straordinarie che permette loro di essere riconosciute, riflettendo la loro evoluzione spirituale; queste sono caratteristiche che vanno ben oltre alla normale simpatia oppure alla condivisione delle emozioni delle altre persone, in realtà manifestano una connessione profonda con l'essenza le esperienze degli altri.

L'empatia emerge dalla ricchezza del loro trascorso, dalla gamma di situazioni umane vissute, queste anime sono perfettamente in grado di sentire e di comprendere quello che gli altri stanno vivendo.

In altre parole potremmo dire che sono capaci di mettersi nei panni degli altri, nei momenti di gioia ma anche nei momenti difficili, risuonano con gli altri e questo crea un senso di connessione e di compassione che va oltre il limite dell'individualità.

Per certi individui questa connessione va ben oltre, perché riesce a permeare non soltanto l'essere umano, ma qualsiasi forma di vita, sviluppando una connessione veramente speciale con il mondo naturale, riconoscendo il valore intrinseco di ogni creatura, e comprendendo il delicato equilibrio dell'ecosistema.

Le anime antiche amano stare da sole

Bastano a se stesse, in uno spazio racchiuse con se stesse, e con il tempo che passano cosi, in loro compagnia, considerandolo di altissima qualità.

Sono estremamente introspettive, quindi lo stare da soli e praticare questo esercizio è altamente gratificante.

Anche il loro tempo libero viene utilizzato per accrescere la loro conoscenza, leggere, meditare, studiare: tutte attività che amano molto.

Possono risultare o apparire timidi, silenziosi, introversi ma non sono nessuna di queste tre cose

Altre volte invece in compagnia sono lo spirito del gruppo, restando però sempre altamente concentrati poi nel privato su se stessi e sulla propria sete di conoscenza.

Un'altra caratteristica delle anime antica è quella di fare le cose che amano, di cercare un lavoro che amano, di fare tutto con passione.

Quando amano qualcosa ci si dedicano completamente, investendo moltissime energie con lo scopo più elevato.

Le anime Antiche hanno spesso anche molti interessi, trovano il percorso bello tanto quanto il traguardo e forse anche di più, e quindi amano essere sempre interessati ed appassionati a qualcosa di nuovo.

Le anime antiche hanno spesso la capacità di vedere tutti i dettagli della stessa fotografia, cose che invece le anime più giovani non sanno fare

Riescono a comprendere tutto quello che li circonda e vanno spesso nel dettaglio in una maniera molto precisa, facendosi un'idea più completa della situazione che stanno vivendo.

Sono capaci di comprendere senza giudicare, sanno perdonare, hanno una empatia particolare proprio perché sono ricchi loro stessi di esperienze, che anche se magari non ricordano con la memoria, ricordano con il cuore.

Le anime antiche hanno un metodo di giudizio verso se stessi che è particolarmente severo e quindi a volte sono molto rigidi verso se stessi, hanno un modo di vedere le cose molto personale e spesso non collima con quello anche dei propri cari.

È anche vero che si trovano ad affrontare tipi di energie diverse, differenti da quelle che hanno conosciuto nelle esistenze precedenti e quindi devono fare un percorso di auto adattamento.

Possono anche essere pieni di dubbi nei confronti di ciò che fanno e di ciò che sono, però dentro di loro se si soffermano a meditare, lo sanno di essere differenti.

Ci possono essere dei momenti in cui l'anima antica si chiede se si merita ciò che è, può arrivare anche ad avere dei pensieri estremi,

Alcune anime antiche si sentono amate mentre altre no, ma è la consapevolezza che si sta facendo strada e quello che serve in questi momenti è rilassarsi perché le cose poco alla volta si chiariranno.

Certe dinamiche potrebbero chiarirsi anche attraverso il meccanismo della sincronicità, ad esempio.

Le anime antiche non sono qui soltanto per crescere loro stessi, ma come abbiamo detto, per l'interconnessione sono qui anche per cambiare in modo sottile gli altri.

Nel momento in cui avviene la presa di coscienza, avviene anche un cambiamento nell'autostima, ci si sente molto più sicuri di se stessi, e si avverte di avere un percorso importante.

Si trovano a proprio agio con persone più grandi a volte anche proprio con gli anziani.

Le anime antiche sono attirate da una infinita' di cose *e sono tante le cose che le incuriosiscono, ma sono soprattutto molto attratte dalla energia, vanno dove c'è tanta energia.*

Sono come le falene attratte dalla luce.

Sono delle vere proprie spugne capaci di avvertirla questa energia nell'aria, durante i gruppi, durante la meditazione, durante gli incontri.

Si dice che anche il deja vü possa essere una indicazione.

Così come possono incontrare persone che sembra loro di conoscere da sempre, segue un aprirsi in maniera completamente spontanea e naturale, per poi notare che in realtà non ci si è mai visti prima.

Però hanno avvertito sentito cosa speciale, la persona in qualche modo è un vecchio amico, e non uno nuovo, anche se non vi eravano mai incontrati.

Succede che si sentano a proprio agio all'estero, che imparino facilmente le lingue, che ritrovino visi familiari in persone che vivono dall'altra parte del mondo mai viste prima.

Ed improvvisamente incominciano ad incontrare sempre più persone che sembra loro di conoscere da sempre e sempre più spesso: si apre un canale.

Senso di familiarità, famiglia, cameratismo, sensazioni che poco si sposano con la novità delle nuove conoscenze.

Può capitare che persone miti trovino una forza insperata perché improvvisamente, è come se si risvegliasse per esempio il guerriero che ha vissuto centinaia di anni fa in loro, sui campi di battaglia, e quella energia serviva esattamente in quel momento, proprio questa forza: la sua esperienza serviva qui e ora, oggi, e l'anima ha ricordato ed ha riportato al presente.

Questo è un qualcosa che si manifesta sovente durante le sessioni di ipnosi regressiva: la capacità di ricordare una esistenza nella quale esistevano determinate caratteristiche, e nei giorni seguenti ci si rende conto che sta nuovamente facendosi strada, avvertendo quel pezzetto di puzzle mancante che magari dona quel tratto caratteriale di cui si aveva così tanto bisogno.

Le anime antiche, proprio perché stanno bene nel loro stare da soli, possono vivere in questa maniera.

Possono essere degli spiriti liberi, possono essere dei sognatori, degli idealisti

Vedono il mondo come dovrebbe essere, talvolta con una lucidità incredibile, con una incredibile chiarezza mentale, riescono ad entrare in intimità con le emozioni, con cosa li circonda.

Sono leali, grati, disponibili, amano insegnare ciò che sanno, sono altruisti sostengono gli altri, hanno un legame profondo con questa vita si sentono molto le altre dimensioni.

Ma c'è dell'altro, ci sono altre caratteristiche che offrono la possibilità di esplorare l'essenza e il ruolo stesso nella evoluzione spirituale:

Non va dimenticata la connessione con la natura, che è profonda, rispettosa dell'ambiente circostante, avvertita come un legame forte che riflette l'interconnessione tra tutte le forme di vita, viene spesso associata alla esperienza accumulata in molte vite, in molti ambienti e di molte dimensioni.

Le anime antiche vengono anche descritte spesso come cercatori di verità; sono persone che hanno una sete di conoscenza senza fine, veramente insaziabile, hanno desiderio profondo di esplorare i misteri dell'intero universo, di acquisire tutta la comprensione possibile

Questo loro desiderio di apprendere è dovuto alla lunga storia di esperienze di ricerca che continua lasciare il loro questo grandissimo desiderio di acquisire conoscenza e comprensione

Sono persone che tendono ad essere molto riflessive, profondamente introspettive ed anche molto auto consapevoli.

Avendo attraversato molte esistenze, esplorato una gamma di personalità ed identità molto vaste, hanno quindi sviluppato una consapevolezza di se stessi maggiore e delle dinamiche interiori.

A queste persone sono eccellenti guide, fantastici sostegni sono persone molto sagge comprensive, riuscendo ad essere di rilevanza per le altre persone; hanno una predisposizione ad aiutare gli altri ed a navigare attraverso le difficoltà della vita, in questo modo riescono ad offrire anche prospettive illuminanti e consigli pieni di compassione.

Un'altra caratteristica importante è la ricerca del significato più profondo della esistenza: non si limitano a vivere la vita giorno per giorno, senza porsi domande, al contrario sono fortemente motivate alla ricerca di un fine superiore, di un significato per questa esistenza, della comprensione più ampia di tutto ciò che vi circonda e dell'universo stesso, oltre che della vita.

È una ricerca che spesso esula l'individualità ma, anzi, si estende proprio oltre all'individuo.

Quindi si può dire che tutte queste caratteristiche danno un insieme più profondo e dettagliato di quello che è un'anima antica e come riconoscerla; esse sono animate da un senso di continuità e di connessione attraverso il tempo, tutte queste caratteristiche formano l'essenza delle anime antiche rappresentando un percorso di evoluzione spirituale che si snoda attraverso moltissime esperienze e altrettanto moltissime incarnazioni.

CAPITOLO 4 - Le anime antiche ed il loro viaggio spirituale

Il viaggio spirituale delle anime antiche è certamente una storia affascinante ed abbraccia una evoluzione di tipo multidimensionale, che attraversa il tempo e l'esistenza.

Esse hanno attraversato tantissime sfide e tantissime vite, in questo modo hanno intrapreso un percorso di crescita, apprendimento e trasformazione che va bene oltre alla singola esistenza.

Possiamo certamente dire che ogni viaggio inizia con l'inizio della vita, nel nostro caso inizia con una incarnazione: l'anima antica sperimenta quindi una serie di circostanze, di sfide uniche e di relazioni con l'ambiente e con gli altri esseri.

Tutte queste esperienze come abbiamo già visto servono proprio come opportunità di insegnamento e di crescita, aumentano la saggezza la comprensione e si accumulano vita dopo vita.

Certamente ogni vita rappresenta un nuovo capitolo poiché si aggiungono pagine di conoscenza ed esperienza al vissuto precedente ed, esattamente come se fosse il continuo con un racconto successivo, i vari capitoli (vite) costituiranno alla fine il vero libro.

Il ciclo di vita, morte, rinascita è un momento fondamentale del viaggio dell'anima poiché ogni morte rappresenta una trasformazione, una transizione, dove l'anima si libera della materialità, dei legami fisici, dei limiti di questa esistenza per prepararsi alla prossima incarnazione.

La morte e la rinascita sono quindi opportunità per bilanciare le esperienze precedenti, per affrontare nuove sfide, facendo in modo che l'anima progredisca nella sua evoluzione.

Durante il viaggio, o i vari viaggi, vengono apprese lezioni karmiche: il karma, basato sulle azioni e sulle scelte fatte in passato, gioca un ruolo chiave nel percorso spirituale.

Le anime infatti si ritrovano ad affrontare le conseguenze delle loro azioni passate, cercando quindi di bilanciare e correggere eventuali squilibri, imparando da queste lezioni karmiche e potendo quindi continuare la propria crescita spirituale e evolutiva come anima.

Mentre il viaggio continua le anime antiche manifestano, accrescono e sviluppano una connessione sempre più spirituale, e sempre più profonda.

Diventano sempre più coscienti e consapevoli della loro natura divina, del loro legame con l'universo e tutto questo non fa che aumentare il loro profondo desiderio di conoscere maggiormente il significato vero dell'esistenza, cercando una armonia con il divino, qualsiasi esso sia in questa esistenza.

Abbiamo già visto che le anime antiche proprio grazie alla loro conoscenza ed alla crescita spesso assumono ruoli di supporto per gli altri e di illuminazione, possono quindi avere ruoli quali quello dell'insegnante spirituale, del guaritore, del mentore e via dicendo, offrendo prospettive di guida agli altri.

Il viaggio spirituale delle anime antiche terminerà con la liberazione dell'illuminazione: attraverso moltissime vite durante le quali si è appreso, si è fatta esperienza, si è cresciuti, ci si avvicina sempre di più alla comprensione profonda dello scopo dell'esistenza e della connessione con ogni cosa.

L'illuminazione rappresenta quindi il raggiungimento dello spirito, nel quale l'anima antica si libera dal ciclo delle rinascite, abbracciando una connessione duratura con il divino ed una profonda pace interiore.

Quindi possiamo dire che lo scopo dell'anima antica e' esattamente questo: un viaggio spirituale letto nell'ottica della evoluzione, dell'apprendimento, della trasformazione che attraversa le ere.

Queste anime portano con sé la saggezza e la comprensione accumulata in ogni singola vita, creando un mosaico di esperienze che arricchisce il tessuto dell'universo il significato stesso della esistenza.

* **Evoluzione dell'anima attraverso le vite.**

L'evoluzione dell'anima attraverso tutte queste esperienze di vita e di incarnazioni va visto nell'ottica di una esplorazione del percorso dello spirito che attraversa il tempo e le incarnazioni.

Abbiamo visto più' volte come in ogni vita le anime attraversano una ampia gamma di situazioni, esperienze, eventi e relazioni e come queste esperienze forniscano l'opportunità di imparare lezioni uniche, sviluppando caratteristiche e virtù quali ad esempio la pazienza, la compassione, coraggio.

Queste esperienze che potremmo definire variegate sono un vero e proprio laboratorio per l'anima, che può esplorare i diversi aspetti dell'essere umano.

L'evoluzione dell'anima, attraverso le molteplici vite, culmina nell'illuminazione, che rappresenta anche la liberazione dal ciclo, e questo rappresentato da uno stato di elevatissima consapevolezza il raggiungimento dell'obiettivo spirituale finale, in cui l'anima finalmente si unisce al divino per abbracciare la propria natura eterna.

* **Crescita e guarigione**

Queste due esperienze sono tappe fondamentali, si potrebbero definire dei momenti cruciali, del percorso evolutivo delle anime antiche e contribuiscono a creare e plasmare la loro saggezza, le loro virtù, la compassione e la connessione spirituale

Tutte le sfide vissute, sperimentate, durante le varie vite possono essere di tipo fisico, spirituale oppure emotivo, ma a prescindere dalla tipologia, tutte sono opportunità che servono a fare maturare.

L'anima impara a sviluppare la resistenza, la forza interiore e l'adattabilità che servono proprio per superare le varie avversità

Tutte le esperienze di crescita spingono l'anima antica a esplorare maggiormente quello che è intorno, così come il proprio vero sé e la propria autenticità: ogni sfida porta con sé una paura che verrà superata, abbracciando quindi la consapevolezza di poter risolvere i problemi ed aumentando, attraverso la riconoscenza intrinseca di se stessi .

Le anime antiche passano anche attraverso altri tipi di fasi quali ad esempio il processo del perdono, che può riguardare se stesso oppure gli altri; esse imparano a lasciare andare i risentimenti, i rancori, riconoscono che il perdono è in realtà un atto di liberazione così come di amore e che permetterà loro di andare avanti più leggeri, senza il peso del passato.

* **La consapevolezza** è un'altra qualità molto importante poiché attraverso la consapevolezza stessa l'anima è spinta a esplorarne ulteriori e nuove sfumature , ed anche in questa maniera si amplifica la prospettiva dell'anima, consentendole di andare oltre alla superficie, oltre alla apparenza, percependo connessioni più profonde tra tutte le cose.

* **Guarigione universale**

Le anime antiche spesso sviluppano anche una connessione con la guarigione universale, e questo può manifestarsi attraverso doni di guarigione energetica, oppure la capacità di alleviare il dolore fisico o spirituale, oppure aiutando le persone nella loro trasformazione

Queste canalizzazioni vengono utilizzate a beneficio degli altri lo scopo di utilizzare l'energia di guarigione.

Un altro modo cui viene effettuata la guarigione avviene attraverso la condivisione.

Le anime antiche possono condividere le esperienze, fornire consigli, essere d'ispirazione di sostegno ed aiutare gli altri nelle loro sfide personali e sono in genere molto brave in questo.

Esistono quindi molti modi in cui le anime antiche si possono interfacciare nella realtà del presente, portando a beneficio di tutti quello che è la loro profonda ed antica esperienza personale.

CAPITOLO 5 - Quale è la missione delle anime antiche

Credo che sia una delle prime domande che vengono spontaneamente in mente.

La loro missione è esattamente ciò di cui abbiamo discusso fino ad ora, ovvero questo richiamo molto profondo, molto significativo, che guida tutto il loro percorso attraverso le incarnazioni nel tempo, portando con sé una responsabilità spirituale che va oltre al concetto dell'individualità ma si estende invece alla trasformazione di tutto il mondo, alla evoluzione dell'umanità nel suo insieme.

Quindi la loro missione è intrisa di saggezza, di compassione, di aiuto per gli altri, di insegnamento e di supporto così come di un desiderio molto profondo di poter servire il bene.

Una delle missioni principali di queste anime e quello di poter illuminare il cammino degli altri, attraverso le loro conoscenze e la loro saggezza, attraverso la loro comprensione, e le loro funzioni di guida, offrendo prospettive, illuminazione, consigli, tutti mirati ad aiutare le persone a superare le sfide inevitabili della vita.

Un altro scopo è quello di guarire, sia a livello spirituale che fisico, alleviando il dolore, la sofferenza, il conflitto, affinché possano contribuire a creare un mondo differente, nuovo, più equilibrato è molto più armonioso.

La loro energia può essere usata in moltissimi modi, incluso quelli del superamento dei traumi, dei blocchi energetici, degli ostacoli interiori, delle indecisioni, del trovare lo sbocco per i punti chiavedella propria vita, quelli che richiedono delle decisioni importanti.

Ne consegue che anche la compassione è uno dei tanti motivi che spinge le anime antiche alla propria missione,

L'empatia che abbiamo visto, unita alla connessione di cui abbiamo già parlato, fa in modo che avvertano l'ispirazione indirizzato verso un cambiamento, partendo da semplici gesti di gentilezza, di supporto verso gli altri.

Un altro compito che è collegato a tutto ciò che abbiamo già visto è quello di elevare la coscienza collettiva, infatti lavorano in questo senso attraverso la loro positività, la loro energia, la loro stessa presenza, contribuiscono a creare delle vibrazioni di tipo superiore, e' una energia, un carisma, che viene chiaramente percepita dalle menti e dai cuori.

Qualsiasi sia la strada scelta , essa produrrà comunque un effetto sulle altre persone, ed è sempre un effetto positivo.

Potranno anche contribuire alla trasformazione spirituale, facendo comprendere agli altri quanto sia importante la consapevolezza, così come è importante l'illuminazione sempre più elevata: in questo modo esse contribuiscono direttamente alla evoluzione dell'universo intero, un passo alla volta, una persona alla volta.

* Scoprire la propria missione ed il proprio scopo, il contributo al mondo.

Scoprire e' quindi lo scopo; è un viaggio interiore di esplorazione, di profonda riflessione, di introspezione alla ricerca del sé più profondo.

Questo è il processo che coinvolge l'illuminazione della propria missione, che è unica nel modo in cui influenza in maniera positiva il mondo che ci circonda.

Può portare quindi a maggior consapevolezza ma anche al desiderio di voler creare un impatto significativo.

Inutile dire che questa esplorazione all'interno di se stessi e certamente molto profonda include la riflessione sulle proprie passioni, sugli interessi, sui valori e sui talenti, esplorando anche tutto ciò che regala emozioni e tutto ciò che regala ispirazione, operando in questo modo arriveranno gli aspetti essenziali del 'chi si e' '.

Perché ho parlato di passioni?

Perché a volte trovare il proprio scopo passa anche attraverso ciò che si ama fare, identificando le proprie passioni, esse diventano una guida molto importante per capire che si può contribuire al mondo in maniera significativa, e talvolta proprio attraverso le passioni, che regalano realizzazione e senso di soddisfazione molto profondi.

Una volta definite le proprie passioni l'anima antica esplorerà le proprie *abilità*, troverà quindi le *competenze* per poter applicare le proprie passioni comprendendo come esse possono essere messa al servizio delle altre persone e permettere quindi loro di contribuire al mondo in maniera concreta.

Non dimentichiamo *l'intuizione* poiché essa svolge un ruolo molto importante ai fini della ricerca e della scoperta del ruolo; ascoltare quella vocina interiore guida attraverso scelte molto importanti, talvolta decisive e può indirizzare a delle svolte nella vita cambiando anche completamente strada per poter realizzare il contributo.

Riuscire a capire quale sia il proprio scopo richiede inevitabilmente una *visione allargata*, un modo di vedere la vita che sia decisamente più ampio: è veramente una esplorazione, il cercare di spingersi oltre l'individuo stesso per poter comprendere la propria esistenza e darne un senso ed uno scopo più significativo e più profondo.

Le anime antiche procedono quindi verso questo scopo anche attraverso la scoperta di quale contributo esse possono portare al mondo, e lo fanno attraverso questo viaggio molto personale di consapevolezza, di auto esplorazione, percorso che porta sempre una soddisfazione maggiore, una grande realizzazione, ed un importante senso di connessione del proprio ruolo all'interno del tessuto dell'esistenza intera.

A questo punto le anime antiche potranno guidare gli altri sulla via della consapevolezza: adesso diventa un atto di servizio molto profondo che richiede pazienza, saggezza, un impegno molto importanti attraverso l'illuminazione interiore.

Diventa una opportunità il condividere le conoscenze e strumenti, , affinché si possa aiutare gli altri a percorrere il loro viaggio, aiutandoli nell'avere una maggiore cognizione di se stessi e delmondo che li circonda, così come delle loro esperienze.

Questo percorso passerà attraverso quattro fasi:

1 Creare un ambiente di accettazione.

Questo è molto importante perché non deve includere il giudizio, ma solo l'accettazione: in questo modo le persone si sentiranno completamente libere di esprimersi sia in termini di pensieri che ti emozioni e di convinzioni, senza avere il timore di poter essere giudicati

2 Ascoltare attentamente

E' assolutamente fondamentale per poter comprendere le esperienze e le sfide degli altri, quello che io chiamo *ascolto attivo*.

L'ascolto attivo dimostra interesse genuino ed il rispetto per ciò che l'individuo sta condividendo, creando un legame di apertura di fiducia.

3 La condivisione di ciò che si conosce, e' essenziale, lo scambio delle informazioni pertinenti sulla consapevolezza, sul percorso di auto esplorazione, e tutte quelle fasi che possono aiutare le altre persone a comprendere il concetto e ad applicarlo.

Può essere utile anche la meditazione, l'introspezione e la Mindfulness.

4 La riflessione su se stessi e sulle proprie esperienze, con domande aperte e conversazioni di tipo qualitativo e significativo affinché si possano guidare gli altri attraverso la consapevolezza, questa viene anche attraverso il senso del qui e ora, quindi del presente, attraverso la comprensione dei propri pensieri, delle proprie mozioni e del modello di comportamento; questo aiuta a rivelare limiti o blocchi nel proseguire la propria ricerca verso la conoscenza.

Questo farà sì che si attivi il percorso di trasformazione, adesso la comprensione, sempre tenendo presente che ogni persona ha i suoi tempi che differiscono da quelli degli altri ed è quindi importante rispettare anche i propri tempi.

Quindi per rispondere alla domanda che ci siamo posti un po' tutti potremmo dire che la missione delle anime antiche è un impegno significativo e profondo che va aldilà dell'essere un individuo ma che anzi si connette con il tessuto stesso dell'esistenza.

CAPITOLO 6 – La connessione delle anime antiche con l'Universo e la Natura

Le anime antiche sono legate e connesse in maniera inestricabile con l'universo e con la natura ed alla vera e propria custodia e protezione.

Esploriamo insieme come si manifesta questa relazione, che arricchisce il loro percorso spirituale ed il legame con tutto il mondo, anzi per essere più precisi con 'tutti i mondi', che li circondano.

La naturale connessione delle anime antiche con tutti gli elementi naturali è un legame veramente profondo, una armoniosa integrazione con ogni forma di vita e di esistenza; è un collegamento che supera e va oltre la osservazione esterna, spingendo questi anime a immergersi all'interno della comprensione più profonda dell'universo intero e di tutti i mondi naturali.

Ogni aspetto dell'esperienza delle anime antiche viene direttamente arricchito proprio da questa connessione.

Le chiavi che aprono le porte a tutta questa bellezza ed alla complessità dei mondi naturali sono racchiuse in due parole: *osservazione e contemplazione.*

Il poter trascorrere del tempo nella natura, permette a questi anime di poter entrare in contatto con tutto ciò che e' celato all'interno del mistero del trascorrere delle stagioni, dei cicli naturali, nella interdipendenza tra tutte le creature, e nel senso più profondo della saggezza che vi si cela, che spesso dimentichiamo.

Naturalmente questo tipo di connessione con la natura permette a loro di provare una sensazione di appartenenza, di sentirsi parte di un qualche cosa di immenso, più ampio, indefinito e probabilmente infinito.

Ogni cosa appartenente alle dimensioni naturali diventa un tassello di un mosaico enorme, quindi ogni fiore, ogni corso d'acqua, ogni albero, ogni singola creatura: questo accompagna le anime antiche a provare ed ad abbracciare il rispetto e l'umiltà per tutte le forme di vita.

La natura ha una sua ciclicità, con la sua nascita, la sua crescita, il suo declino ed infine la sua rinascita; ciò porta spontaneamente a riflettere sul ciclo della vita e della morte.

Naturalmente è una riflessione che va a inserirsi in un contesto più ampio,il qui ed ora, visto nelle fasi della natura, che non possono essere modificate artificialmente ed aiuta a cogliere l'importanza del momento presente più ancora che del passato e del futuro aiutando a superare la paura dell'ignoto.

Molte anime antiche sono profondamente convinte che l'essere connessi con la natura consenta di percepire le energie sottili così come le vibrazioni dell'universo e, concentrandosi nella respirazione, ascoltando tutti i suoni che arrivano dalla natura, percependone le sensazioni fisiche, si possa entrare in uno stato di presenza molto profonda e di unità con tutto l'ambiente circostante.

Si potrebbe quindi dire che in realtà la natura è un vero e proprio catalizzatore e l'osservarne i colori, le forme, i movimenti, le trasformazioni, i suoni ed i panorami si traduce in una vera e propria forma d'arte, una espressione creativa dell'anima.

Questa presa di coscienza diventa una forma di responsabilità per la cura dell'ambiente in cui si vive, ma in maniera più vasta, della natura in genere.

Le anime antiche avvertono quindi di dover proteggere ciò a cui si sentono naturalmente legati in maniera profonda, attraverso l'utilizzo di comportamenti rispettosi, sostenibili e molto sensibili.

Si riconosce il ciclo e di flusso naturale, si comprende il ritmo dell'universo, si cerca quindi di allinearsi con questi ritmi per vivere in armonia con la natura.

Si comprende, soprattutto se questa consapevolezza arriva in età un pochettino più matura e dopo esperienze di vita più stressanti, che i ritmi della natura si riflettono nei nostri processi naturali interiori, che le stagioni della natura sono rappresentazioni simboliche dei cicli della crescita, della riflessione e della rinascita, che da sempre accompagnano queste anime.
Diventa quindi più naturale e spontanea una vita vissuta in questa naturalità e seguendo questi ritmi.

Ci si avvicinerà quindi probabilmente alla meditazione, all'utilizzo dell'acqua anche a livello di immersioni, l'uso dei cristalli, delle erbe, delle essenze, di tutto ciò che è naturale.

La natura diventerà per queste anime un luogo di guarigione, oppure si utilizzerà la natura nelle sue forme per effettuare la guarigione e donarla gli altri; le anime antiche sono inevitabilmente e naturalmente attratte dalla bellezza e dalla tranquillità della natura, che permette loro di ricaricare ed elevare le loro energie, di rinnovarsi.

Le anime antiche per poter sentirsi maggiormente in sintonia con la natura e con l'universo spesso adottano pratiche specifiche, tra queste possiamo riconoscere :

la Mindfulness all'aperto, quindi trascorreranno del tempo in natura con la consapevolezza di ciò che li circonda, apprezzando in pieno la bellezza dell'ambiente naturale.

La meditazione all'aperto, permette in maniera meravigliosa di connettersi con l'energia della natura, concentrando la mente sulla respirazione, raggiungendo uno stato di calma e di unità con la natura stessa.

L'osservazione degli elementi naturali, quali l'acqua, il fuoco, l'aria, la terra: diventa un meraviglioso mezzo per comprendere il mondo in maniera più efficace e più profonda in quanto questi elementi si manifestano ed influenzano l'ambiente circostante.

La gratitudine, che ho spiegato a livello di tecnica in un altro mio libro, diventa una pratica costante e svolta in natura, attraverso il ringraziamento per la bellezza offerta e ricevuta , che regala ed intensifica la connessione con tutto l'ambiente.

La natura non diventa altro che un prolungamento del 'sé stessi', un'espansione della identità personale, una presa di coscienza di essere parte di una rete di vita e di energia che attraversa da sempre il tempo e lo spazio, facendo acquisire in questa maniera all'esistenza senso molto più profondo in termini di significati di scopi

È quindi naturale che le anime antiche amano particolarmente il coinvolgimento con la natura stessa attraverso le varie forme quali, ad esempio, la *coltivazione o il giardinaggio, lavorare con la terra , con le piante, con gli animali, con gli elementi naturali.*

*P*ossono anche amare *le escursioni e le avventure ed il campeggio nella natura,* lontano dalla routine quotidiana.

Possono inoltre leggere, documentarsi, imparare sulla natura e sui cicli naturali della vita.

CAPITOLO 7 - Spiriti guida, maestri dell'anima, maestri spirituali

Gli spiriti guida, così come i maestri spirituali sono presenze significative nel percorso di tutte le anime, non soltanto di quelle antiche.

Sono entità spirituali oppure fisiche, che offrono saggezza, supporto, orientamento durante il cammino evolutivo

Gli spiriti guida ed i maestri spirituali sono figure che accompagnano tutte le persone durante il loro cammino spirituale e sono presenti nella vita di chiunque, indipendentemente dalla fase della evoluzione della propria anima.

E tuttavia all'interno delle anime antiche tra gli spiriti guida, maestri dell'anima e maestri spirituali c'è una connessione speciale; sono figure che rappresentano guide sagge e preziosi compagni durante il lungo il cammino evolutivo ed offrono sostegno prezioso così come insegnamenti molto profondi.

Attraverso l'interazione con queste figure le anime trovano trovano la saggezza, l'orientamento, la ispirazione ed una spinta alla crescita ed al loro progredire.

Le anime antiche posseggono già loro buona parte di queste conoscenze, quindi gli Spiriti Guida e i Maestri saranno loro di supporto in alcune fasi di vita, una tra le tante sarà' proprio *il risveglio*.

Spiriti guida

All'interno del meraviglioso, lungo e complesso viaggio di queste anime, gli spiriti guida hanno certamente un ruolo di grande importanza.

Tutti noi abbiamo un'idea di chi siano gli spiriti guida, ovvero delle entità invisibili, spirituali, nella loro influenza molto tangibili, dei consiglieri e delle guide che accompagnano il nostro cammino sia fisico che spirituale, così come quello delle anime antiche.

Queste ultime hanno già un incontro destinato con il loro spirito guida, ed è sempre un intreccio di energie particolari che ha veramente il potere di trasformare ed illuminare.

Gli spiriti guida hanno diversi modi per manifestarsi e utilizzano ad esempio dei segnali oppure le sincronicità, offrono sempre un richiamo costante indirizzato alla evoluzione spirituale e non sono delle entità astratte bensì delle presenze realmente tangibili all'interno del sottile tessuto della realtà.

E' spesso la loro voce quella che ci raggiunge a livello interiore e che ci suggerisce ad esempio il percorso migliore, la direzione da prendere, i segnali del mondo esterno, esse possono presentarsi attraverso i sogni, la meditazione, le riflessioni oppure in altre situazioni significative

Credo che ciascuno di noi abbia avuto almeno un momento nella propria vita in cui ha avvertito chiaramente il proprio spirito guida.

Anche nel percorso delle anime antiche queste entità invisibili svolgono il ruolo di saggi guardiani, aiutano nei momenti di incertezza e di difficoltà e, attraverso la loro saggezza millenaria, illuminano la strada, sono dei compagni di viaggio invisibili ma sempre assolutamente presenti, silenziosi ma consolatori, anche soprattutto quando le sfide della vita diventano molto opprimenti.

Questi spiriti conoscono il passato, comprendono perfettamente il presente e nello stesso modo intuiscono le varie potenzialità del futuro.

Poter interagire con gli spiriti guida necessita di una mente attenta ma soprattutto di un cuore molto aperto, poiché richiede necessariamente la capacità di poter ascoltare i segnali sottili, di poter individuare e percepire le intuizioni e di poterle poi indirizzare nella nostra quotidianità.

Ricordo che il dialogo con lo spirito guida non è mai a senso unico ma è un dialogo, sottile, che si sviluppa attraverso la pratica poiché gli spiriti guida rispondono sempre all'invito e sempre offrono l'aiuto di supporto quando viene richiesto, sono sempre presenti in maniera costante, soprattutto quando è necessario.

Ogni spirito guida è differente, ciascuno ha le conoscenze e le esperienze proprie; alcuni sono solo temporanei ed appaiono soltanto in certi momenti della vita, mentre altri sono costanti, spesso legati all'anima antica da molte esistenze.
Se ne ha uno e talvolta, temporaneamente, più' di uno.
Possono cambiarsi, in accordo con la nostra evoluzione e crescita.

In qualsiasi forma, di qualsiasi tipo, queste entità spirituali sono dei catalizzatori per l'evoluzione spirituale, facilitando la crescita, l'espansione e l'apprendimento.

Va sempre ricordato che queste identità invisibili non forzano mai con la loro presenza, rispettando sempre in ogni momento in qualsiasi situazione il libero arbitrio; essi aiutano, offrono consigli, offrono sostegno ma è sempre l'anima che deve prendere la decisione in funzione del proprio percorso.

Gli spiriti guida possono offrire certamente delle prospettive particolarmente elevate tuttavia sono sempre rispettosi delle scelte così come delle sfide che le Anime decidono di affrontare.

A tale proposito io consiglio vivamente di parlare con le nostre guide e soprattutto di dare loro una possibilità, di fronte ad un problema, di fornirci un aiuto, un supporto, una soluzione, proprio perché senza il nostro permesso le loro possibilità diventano limitate.

Gli spiriti guida possono intervenire in maniera autonoma nella nostra vita soltanto in poche occasioni, ad esempio in quella di un potenziale incidente che andrebbe a concludere la nostra esperienza terrena prima del tempo deciso e previsto.

Potrei citare due esperienze molto recenti di due persone a me molto vicine, che mi hanno raccontato l'avvenimento, Richard e Massimo.

Sottolineando che una delle due persone e' particolarmente scettica, entrambi mi hanno raccontato che durante rispettivamente un giro in moto ed un giro in auto si sono sentite dire in maniera perentoria, *decisa* e senza dubbio alcuno la parola *'rallenta'* oppure *'ferma'*, a livello interiore.

La hanno definita una voce dentro alla testa.

La persona in moto, Richard, tra le altre cose, ha proprio sentito la presenza di una mano sulla spalla che faceva una forte pressione.

Entrambe le persone hanno rallentato, con i rispettivi veicoli, e pochi secondi dopo entrambe hanno evitato una collisione frontale con dei mezzi che non avevano rispettato le regole stradali, una invadendo la corsia opposta con un sorpasso in curva senza visibilita' e la seconda con un'auto non fermatasi ad uno stop.

Tutti i mezzi viaggiavano a velocita' sostenuta, seppure nei limiti di una strada extra urbana, che difficilmente avrebbe lasciato scampo.

Queste persone a distanza di anni, continuano a ricordare con chiarezza l'episodio ed a raccontarlo,sempre con un certo sgomento, sempre allo stesso modo, senza modificare alcun dettaglio, dopo molti anni..

Il ruolo degli spiriti guida, che accompagnano il percorso di tutte le anime, non solo quelle antiche, e' certamente molto profondo e molto significativo; sono alleati spirituali che seguono tutti noi nel nostro viaggio durante i tempi, fornendoci segnali, intuizioni, una presenza costante, un supporto prezioso mentre le nostre anime crescono, imparano e rivelano la loro vera essenza nel tessuto dell'universo.

Maestro dell'anima.

I maestri dell'anima invece differiscono dagli spiriti guida: sono infatti l'essenza di un'anima ancora più anziana e più saggia delle anime antiche stesse ed ha già completato numerose incarnazioni.

Rappresenta un faro luminoso evolutivo per le anime antiche e la sua presenza raggiungono livelli straordinari.

L'incontro con il maestro dell'anima non avviene sempre e non avviene in tutte le vite, è spesso un evento predestinato, organizzato direttamente dall'Universo (o Sorgente) per offrire una opportunità di crescita e di apprendimento.

È un incontro che avviene spesso nei sogni, ma anche nelle meditazioni profonde o durante riflessioni molto particolari e la sua presenza la si avverte come un calore all'interno, una certezza che non ha bisogno di parole o di conferme.

Il maestro dell'anima aiuta a comprendere le lezioni karmiche e tutte quelle sfide a livello evolutivo; le anime antiche ne sono veramente attratte,
 quasi come falene dalla luce, perché promettono conoscenza e consapevolezza molto più elevate, attraverso una guida che e' compassionevole e paziente, offre risposte ma incoraggia anche l'autonomia e la scoperta personale.

Chiaramente il maestro dell'anima appare

soltanto in determinate esistenze, in certe fasi di crescita ed in particolari occasioni.

Il maestro spirituale

Diverso invece il ruolo dei maestri spirituali.

Essi sono delle vere proprie pietre miliari nel viaggio delle anime antiche e sono incontri che avvengono nella maggior parte dei casi durante i momenti chiave delle loro vite, quando l'anima è pronta per assorbire dei concetti completamente differenti, delle prospettive nuove, ed è pronta anche per iniziare un percorso di crescita più profondo.

I maestri spirituali sono figure che arrivano per guidare, insegnare, ispirare e resteranno fortemente incisi nell'anima.

Le anime antiche sentono l'arrivo di un maestro spirituale, arrivo che avviene quando l'anima ricettiva è aperta; <u>i maestri spirituali sono persone,</u> non sono entità, ed offrono amore e cura, insegnamenti che si basano su verità universali e su principi che risuonano nell'anima delle anime antiche, sono insegnamenti di vita quotidiana, di trasformazione, per farsi che la saggezza astratta diventi azione concreta.

Si tratterà quindi di esplorare temi quali il significato della vita, l'amore, le connessioni, le energie dell'universo, le vibrazioni e così via, sono sempre potenziamenti indirizzati alle crescite personali e spirituali, sono dialoghi che aprono porte verso nuove prospettive di comprensione e crescite, anche nella vita fisica.

Gli insegnamenti possono avvenire attraverso metafore, parabole, storie, e diventano dei punti di riferimento, delle cose da ascoltare con attenzione da mettere in pratica della vita quotidiana affinché la nostra vita possa iniziare a cambiare.
Gli incontri con questi maestri spirituali durano nel tempo, durante le incarnazioni, e sono quindi importanti perché' le anime non devono limitarsi ad ascoltare bensì a mettere in pratica cosa viene loro insegnato, perché le nozioni diventeranno una guida interna che le aiuterà nelle scelte e nelle azioni.

Infatti anche quando i maestri non saranno fisicamente presenti, i loro insegnamenti continueranno ad accompagnare ed a guidare l'anima durante il suo percorso.

I maestri spirituali sono importantissimi nel viaggio delle anime antiche perché le aiutano ad espandere la consapevolezza, ad esplorare l'essenza dell'anima così come a collegarsi con la saggezza dell'universo.

CAPITOLO 8 - Trasformazione e superamento dei blocchi

Le anime antiche durante il loro percorso, devono anch'esse affrontare le sfide Karmiche e gli ostacoli interiori, che sono fondamentali per un cammino di crescita.

Le sfide Karmiche provenienti dalle esperienze passate, si possono presentare sotto forma di schemi che si ripetono oppure come dei blocchi che gettano ombre sul presente.

Per poter affrontare queste sfide servirà un atto di coraggio, che passerà attraverso un'auto esame, una indagine introspettiva molto profonda ed ad un impegno ininterrotto indirizzato allo sviluppo interiore.

Il primo passo importante per iniziare questo percorso e' accettare le sfide Karmiche proprio come ottica di insegnamento ed opportunità di crescita, riconoscendo che sono una parte fondamentale ed essenziale del proprio percorso.

Riuscire a riconoscere questa importante caratteristica, permetterà alle anime antiche di affrontare con spirito bendisposto al cambiamento e con mente aperta quello che la vita ha preparato, proprio perché si saranno creati, attraverso l'accettazione, gli spazi mentali disposti all'esplorazione ed alla comprensione delle radici dei modelli che imprigionano, ed alla loro modifica.

La capacità di auto indagarsi, di introspezione e di auto indagine diventano un'importante bussola nella navigazione del quotidiano ma soprattutto nelle sfide; le anime antiche in questa maniera sono sempre incoraggiate a sondare il profondo delle loro storie personali, a riflettere sui comportamenti ciclici ed ad indagare su come il passato, ed alcune delle esperienze del passato in particolare, possono aver dato forma agli attuali modelli.

Questo è un viaggio profondo all'interno di se stessi che porta alla luce le connessioni tra il passato e del presente, rivelando in questa maniera i legami proprio con le sfide Karmiche.

È meravigliosa però la luce di guarigione emotiva che si sviluppa durante il processo!

Diventa veramente un faro luminoso in questa avventura: affrontare le sfide Karmiche non è semplice, *e spesso implica proprio l'esplorazione di quelle emozioni che si erano represse o che non si erano mai risolte.*

Però attraverso questo percorso terapeutico, che si può anche svolgere attraverso la meditazione oppure con altre pratiche, le anime antiche riescono a liberarsi di quell'energia negativa che era legata proprio alle esperienze dalle situazioni passate, aprendo finalmente la strada verso la guarigione profonda e liberatrice.

Tappe fondamentali e cruciali in questa traversata sono il perdono ed il rilascio.

Questo perché attraverso il perdono di se stessi e anche degli altri, ovvero di coloro i quali sono coinvolti nelle medesime sfide Karmiche, si attiva il più grande catalizzatore per la trasformazione, in quanto proprio il perdono libera dalle energie negative che sono sempre un peso che trattiene.

Una volta liberati da questo peso si aprono le porte all'approvazione di se stessi ed alla guarigione.

Dobbiamo vedere le sfide Karmiche non come una punizione bensì come un vero e proprio banchetto di apprendimento e di crescita, attualmente affrontare queste sfide richiede sempre molta determinazione ed una mente molto aperta perché le risposte spesso si traducono in lezioni di saggezza molto profonde.

È importante vedere queste sfide non come disgrazie che la vita ci presenta, ma come strumenti di crescita e di evoluzione personale che si tradurranno sempre in una opportunità di arricchimento spirituale.

Tutti i lavori energetici, che siano anche la guarigione dei chakra così come la meditazione guidata, sono di aiuto in questo processo, sono pratiche che aiutano le anime antiche proprio a liberare blocchi energetici ed a ristabilire finalmente un equilibrio interiore che porterà poi lo spazio necessario alla trasformazione.

L'idea quindi di rinascita e di trasformazione non può che diventare un compagno di vita costante, *riconoscendo che ogni sfida Karmica superata apre le porte a dei livelli di consapevolezza superiori e nuovi, libera dai vecchi schemi ed aumenta il desiderio di crescita e di trasformazione.*

Il viaggio delle anime antiche quindi ha come componente proprio la risoluzione di questi blocchi e di questi nodi.

Imparare la gratitudine anche nei confronti di queste sfide, che sono alla fine un aspetto fondamentale di questo viaggio; riconoscendo il loro ruolo importantissimo nel nostro sviluppo come anime, a qualsiasi livello, e' molto importante.

Ed essere in grado di accoglierle con gratitudine cambia moltissime dinamiche, e trasforma in modo in cui queste sfide vengono percepite, seppure non facile.

È altresì importante che le anime antiche si confrontino con altre persone affinché avvertano un senso di appartenenza, d'ispirazione e attraverso la condivisione con esperienze simili vengano loro offerte nuove prospettive.

* Passato e presente

Le anime antiche all'interno del loro percorso hanno la necessità di trovare l'equilibrio tra il passato e del presente:
è di fondamentale importanza.
Perché queste anime portano un bagaglio con se' molto importante e se questo passato così ricco può essere una guida nel presente, può anche rappresentare una sfida importante quando si cerca di vivere pienamente la incarnazione attuale.

Può capitare che le anime antiche abbiano un sentore di ricordo del regno passato, che abbiano dei vaghi ricordi, delle sensazioni familiari, delle intuizioni profonde: essi sono sfumature del passato che possono influenzare la percezione del presente, arrivando a creare un senso di continuità ed un collegamento con le proprie origini spirituali

Anzi siamo noi stessi che spesso passiamo attraverso il meraviglioso strumento che e' l'ipnosi regressiva alle vite precedenti e che decidiamo spontaneamente di sondare maggiormente quelle che avvertiamo essere come sensazioni strane, peculiari, perché esse sono già in noi, le avvertiamo.

E questo è fondamentalmente un bene, perché altrimenti *c'è il rischio di restare intrappolati nel settore delle trame del passato, di non riuscire a far riaffiorare quei ricordi che potrebbero anche essere dolorosi, ma che ci permettono di lottare con questioni irrisolte che si trascinano da vite precedenti.*

In questo caso è importante ritrovare l'equilibrio, che in questa situazione specifica significa *saper abbracciare il passato come fosse un maestro, imparando da esso, recuperando ciò che ci necessita in questa vita, trarne beneficio così da non esserne prigionieri.*

Le anime antiche possono anche avvertire un'altra sensazione, qui nel presente: *il loro intuito profondo può cercare di allinearli con il loro scopo spirituale, facendole sentire fuori posto oppure incomprese in un mondo che può sembrare materialista e frenetico.*

È quindi importante trovare l'equilibrio incorporando la saggezza del passato nella vita quotidiana, senza mai trascurare le lezioni e le opportunità che la vita offre nel presente.

A tal proposito esistono una serie di esercizi e di pratiche che possono aiutare allo scopo.

In primis citerò la **ipnosi**, nello specifico quella **alla regressione alle vite precedenti**, che è indiscutibilmente un modo profondo ed importante di arrivare a conoscere quello che ci serve in questo momento direttamente dalle nostre memorie più antiche.

La nostra mente rilascerà soltanto le memorie che ci sono utili in questo momento, ed i benefici sono immensi.

Questa pratica deve essere seguita da una persona preparata professionalmente, e che saprà accompagnare passo passo, tenendo per mano il viaggiatore, attraverso le trame del passato che si snoderà racchiuso nei ricordi, in ogni fase del percorso.

Riflessione ed integrazione: dedicare del tempo alla riflessione sulle esperienze passate, considerando come possono influenzare il presente, incorporando tutte le lezioni apprese nelle scelte attuali.

Consapevolezza e meditazione: meditando si stabilisce un profondo collegamento con il passato ed il presente, mentre la comprensione aiuta a riconoscere quando si è ancora ancorati al passato e si rischia così di perdere tutte le opportunità importanti e preziose del momento attuale

Guarigione: il lavoro di guarigione si attua attraverso il confronto delle ferite oppure dei blocchi che arrivano dal passato, passando da un percorso di guarigione emotiva, liberandosi dai pesi, si interrompe l'ancora pesante del passato, permettendo così di vivere il momento attuale.

Grazia ed accettazione: è importante riuscire ad abbracciare la propria storia, qualsiasi essa sia, con gratitudine: ogni istante ha avuto ed ha un valore importante ed uno scopo intrinseco.

Integrazione creativa: il passato offre molti spunti, anche creativi per fondere la storia del prima con le azioni dell'oggi; si può integrare attraverso molti modi, anche attraverso l'espressione artistica, nella scrittura, nella musica ed in altre forme di creatività.

Intuizione guida: questo si realizza attraverso la coltivazione di un legame molto importante e profondo con la guida interiore, quella guida spirituale che aiuta con i consigli.

Oppure attraverso le energie spirituali che aiutano a navigare con saggezza attraverso le sfide del passato e tutte le opportunità offerte nel presente.

Perdono: è differente dquello della guarigione, questo è un lavoro profondo che permette di abbracciare il perdono in maniera totale.

In questa maniera ci si libera completamente dei legami del passato, aprendo la strada ad un futuro senza antiche ruggini e contando su di una strada pulita.

Affrontare le sfide karmiche e gli ostacoli interiori

Si arriva quindi a capire, a questo punto, che affrontare le sfide Karmiche, gli ostacoli interiori, il superamento di nodi e blocchi, diventano una parte importante e probabilmente centrale in questo viaggio che le anime intraprendono.

Proprio nelle sfide Karmiche, radicate nelle esperienze pregresse, si materializzano i modelli che si ripetono continuamente, creando blocchi e nodi lungo il percorso nel presente.

Quindi come affrontare questa sfida con saggezza, determinazione, coraggio?

Il primo passo è la consapevolezza, come per tutte le cose, che però deve essere seguita dall'accettazione: l'essere in grado di accettare e riconoscere che queste sfide sono parte della trama stessa del percorso di crescita dell'anima antica, e che tutto ciò che è passato e si è seminato oggi necessita di acquisizione emotiva e di trasformazione.

Partendo da questo punto, esattamente da questo stato mentale di accettazione, l'anima antica si troverà sulla strada giusta per il cambiamento.

Bisognerà effettuare una profonda introspezione che, come si può vedere, e' un passaggio continuo durante il percorso dell'anima antica e che dovrà scavare negli ostacoli interiori così come nelle radici delle sfide.

Rappresenta un vero proprio atto di coraggio che permette di collegare i punti comportamentali di oggi con tutte le esperienze del passato.

Questo percorso, per quanto doloroso, è basilare come atto di auto consapevolezza ed avvicina alla comprensione di ciò che si e' davvero.

Lavorare con le emozioni del passato, che spesso sono irrisolte, sconosciute, sepolte oppure ignorate, è fondamentale per poter sbloccare il flusso delle energie che è necessario alla crescita.

È un vero e proprio percorso di guarigione emotiva che diventa un alleato importante.

Seguirà quindi il rilascio, come fase di liberazione, subito dopo la presa di coscienza, liberando e sciogliendo i legami che ancora ci tengono incatenati al passato.

È certamente un passo coraggioso ed audace verso la guarigione interiore ed è una porta aperta verso una trasformazione ancora più profonda.

Dimentichiamo il concetto di punizione, invece accettiamo l'idea che ogni sfida Karmica sia realtà una lezione, una possibilità di crescita personale di apprendimento e che proprio attraverso queste sfide l'anima antica impara a superare i limiti, a sfidare ciò che in questa vita è un confine del proprio io di oggi , ed ad espandere la propria conoscenza di se'.

Ogni anima antica troverà il suo modo per sbloccare questi nodi, ed ogni passo verso una consapevolezza maggiore e profonda è una opportunità per liberarsi dagli schemi vecchi per abbracciare orizzonti nuovi.

E' un viaggio che invita l'anima antica ad esplorare la profondità dell'esperienza passata, a farne tesoro, a coltivare la consapevolezza di abbracciare un importante potenziale di crescita.

Diventa un viaggio che porta verso una maggiore consapevolezza certamente di se stessi ma anche di tutto ciò che è intorno.

E possiamo quindi concludere questo capitolo dicendo che per le anime antiche l'equilibrio tra il passato del presente rappresenta il fare propria la danza delicata racchiusa tra tutta la saggezza, le esperienze ereditate e le opportunità offerte oggi.

Trovare questo equilibrio e' la chiave.

Ricordando che più grande e' il bagaglio di esperienze e di conoscenze e più può' risultare complicato, per via delle tante esperienze affrontate ed immagazzinate.

Certamente richiede compassione, auto percezione ed un cuore ed una mente totalmente aperti al concetto del fluire del tempo.

E in questo equilibrio che queste anime possono vivere una vita veramente arricchita e perfettamente allineata con il loro scopo più elevato.

CAPITOLO 9 - Equilibrio tra il passato e il presente

Trovare l'equilibrio tra il passato e il presente abbiamo ormai capito essere un'arte sottile, che richiede una grande conoscenza di se' unita ad una altrettanto grande ed un profondo discernimento.

Come per anime antiche il passato ha forgiato, plasmato, costruito le fondamenta di chi o di ciò' che si è oggi, tuttavia resta sempre possibile, in una esistenza attuale, restare ingabbiati ed intrappolati nelle sue maglie.

Condivido quindi qui alcuni spunti ed alcune riflessioni su come sia possibile attraversare in maniera relativamente agevole questo equilibrio molto delicato:

Attraverso il rispetto del passato, che e' sempre il primo passo fondamentale, riconoscendone il valore intrinseco di tutte le esperienze che hanno accompagnato, *belle o brutte non ha importanza*, ciascuna di loro fa parte di ciò che si è, quindi è importante per l'anima antica esserne sempre grati.

Onorare quelle radici che hanno nutrito e che ancora oggi continuano ad influenzare la crescita.

Il saper vivere pienamente il presente, il qui ed ora, è diventata arte molto rara.

Il saper lasciar scorrere tutte quelle preoccupazioni inutili legati al passato o quelle altrettanto inutili legate alla incertezza sul futuro contribuiscono a costruire la trama personale; ascoltando le lezioni del passato senza restare intrappolati invece guida verso scelte illuminate nel presente.

Il qui ed ora è la vera essenza dell'esistenza.

Lasciare andare il peso dei ricordi che non servono più, dimostrando verso se stessi una sincera auto compassione, liberando dai vincoli che ostacolano la crescita.

Immaginiamo la crescita personale come un fiume, nel quale è esistente un movimento costante, le acque non si fermano mai.

Nello stesso modo il passato ci accompagna nel fluire ma non è l'intero panorama, la trasformazione è sempre possibile, così come l'acqua che scorre non lo fa mai nello stesso modo: rimanere sempre aperti alle novità è un altro punto chiave.

Cercare di comprendere i nodi e blocchi attuali osservando il presente alla luce del passato, questo ci offre una prospettiva molto più ampia e ci permette di riconoscere quali modelli del passato si riflettono nelle nostre scelte di oggi

Le decisioni intenzionali arrivano sempre dall'osservazione di ciò che è stato passato e dalla considerazione di ciò che è il presente, ciò permette di rompere i cicli automatici e di agire in maniera più consapevole, plasmando il nostro destino con più consapevolezza e maggiore discernimento.

Bisognerà quindi aprirsi al nuovo, perché per eliminare i nodi ed i blocchi che si ripetono dal passato al presente occorre effettuare dei cambiamenti.

I cambiamenti portano energia e vibrazioni nuove, le anime antiche devono rimanere curiose ed abbracciare ogni singola opportunità che si presenta sperimentando la vita con un respiro fresco, come se fosse una nuova brezza.

<u>*Ricordando che la vita è fatta per esplorare.*</u>

Creare nuove esperienze significa creare nuovi ricordi, significa quindi tessere nuovamente la trama della esistenza, lasciando un'impronta che dura attraverso le nuove esperienze che si decide di coltivare e di sperimentare e che andranno ad arricchire il bagaglio personale.

Questo è uno dei compiti delle anime antiche, con profonde radici nel passato, dovranno affinare quest'arte con arte e saggezza, affinché questa vita sia piena di consapevolezza e nuove esperienze.

Lavorare con il Karma

Abbiamo quindi detto che trovare l'equilibrio tra presente e passato e' effettivamente come viaggiare navigando tra due mondi, uno è il mondo che ha definito ciò che e' l'anima antica, mentre il presente offre nuove opportunità di crescita.

Se il passato è come una cornice che racchiude tutta la storia, è il presente sul quale ci si poggia per costruire il futuro.

Lavorare con il karma e con le esperienze del passato quindi apre una porta veramente affascinante verso la comprensione dell'essere se stessi e delle azioni che si compiono.

Immaginiamo infatti il karma come se fosse un filo invisibile che connette le scelte passate, le intenzioni e le conseguenze che da essere derivano.

È come un intreccio che crea una danza nel tempo e riflette ogni mossa fatta, del passato, risuonando nel presente e poi concretizzandosi nel futuro.

Danzare però la danza del karma richiede una coreografia consapevole, non è fatta di gesti fatti a casaccio; bisogna osservare i movimenti ricorrenti, le variazioni e tutti quegli schemi che emergono dalle azioni passate.

Naturalmente è anche una danza che offre la possibilità di rivedere, migliorare e completamente reinventare la danza stessa.

In questo caso l'auto esame non è mai un processo di giudizio, il giudizio non lo conosciamo con questa accezione del termine, al contrario diventa una opportunità di comprensione e conseguentemente di trasformazione.

Parlando di cornice possiamo immaginare il karma come se fosse un vecchio quadro, può essere ringiovanito, modificato, aggiungendo colori, energie, prospettive attraverso una tecnica di espressione creativa.

Questo processo di auto esame aiuta a trasformare tutta quell'energia stagnante in una forma vitale e rinnovata, essendo capace di vedere meglio il dipinto si è potenzialmente capaci di plasmare in maniera intenzionale il destino, sempre però ricordando che esiste una parte di inaspettato, che non è possibile controllare.

Questo equilibrio tra decisione ed azione e questo flusso non controllabile, quindi spontaneo, dove il potere del karma si fonde con la libertà.

Il karma può essere considerato un dialogo con se stessi ma allo stesso con molti 'se stessi' , diventa come sedersi ad un tavolo rotondo dove ci sono tante versioni di se stessi, e si chiacchiera e si conversa senza i confini del tempo e dello spazio.

Questo scambio e questo dialogo rappresentano una fonte di apprendimento, di auto conoscenza e di profonda saggezza che guida l'anima antica nelle scelte consapevoli del proprio destino.

Lavorare con il karma e quindi sempre un atto di intelligenza emotiva ma anche di visione del futuro perché e' attraverso la comprensione di questa danza tra il passato il presente che ci si connette alla vastità del suo essere, permettendo in questo modo di creare un futuro luminoso mentre si intrecciano le fibre che continuano a costituire la trama del nostro tessuto, quello che abbiamo visto al principio.

Vivere il presente in maniera consapevole.

Il presente andrebbe visto null'altro che come un paesaggio in continuo mutamento nel quale ciascuno di noi è immerso e nel quale ogni singolo istante rappresenta un po' del nuovo capitolo.

I nostri cinque sensi sono meravigliosi per farci conoscere questo mondo, anche se talvolta diventano limitanti, tuttavia li possiamo far diventare la nostra guida affinché attraverso di loro si possa cogliere ogni profumo, ogni suono, ogni sapore, un'immagine e ogni texture che dipinge questo incredibile panorama sensoriale della realtà individuale.

Bisognerebbe imparare un gioco, immaginare, come se le emozioni ed i pensieri venissero rappresentati da nuvole che scivolano nel cielo, ed il cielo fosse nient'altro che la coscienza.

Osservando queste nuvole spinte dalla brezza *senza alcun tipo di giudizio*, come se si fosse semplicemente degli spettatori che assistono ad un evento naturale si accresce la consapevolezza di una connessione più profonda verso se stessi.

Aiutandosi con la respirazione ci si lega all'energia vitale dell'esistenza, facendo così dissolvere il passato e rendendo il futuro una distante illusione: semplicemente a cogliere il momento così come è, senza la necessità di controllare il presente e nemmeno di doverlo modificare.

È una vera e propria dichiarazione di amore nei confronti della vita, l'amare profondamente il qui ed ora, accogliendone tutte le sensazioni, come una musica, dove i pensieri e le emozioni si uniscono a tutte le altre emozioni per creare una sinfonia unica: questo è il momento in cui ci si sente veramente vivi, dove si sente battere e pulsare l'intero universo.

CAPITOLO 10 – Un mondo unito da anime antiche

L'idea di poter vivere in un mondo unito da anime antiche è assolutamente una immagine affascinante e molto evocativa.

Immaginando un tessuto completamente interconnesso di queste essenze che attraversano le barriere dello spazio e quelli del tempo, legando in questo modo tutte le anime attraverso le innumerevoli esperienze e le innumerevoli vite.

È quasi come avere una visione dove queste anime antiche emergono come fossero dei guardiani di tutta la saggezza accumulata e di tutte le esperienze vissute, in questo pianeta ed in tutte le altre dimensioni.

In questo immaginario mondo, unito da tutte queste anime antiche, potremmo riconoscerle come portatori di luce e come guaritori delle ferite del passato, compassionevoli, pieni di comprensione per tutto ciò che hanno già sperimentato, si ergerebbero come promotori della unità e dell'armonia

Saprebbero che le differenze sono solo apparenti, ma che tutti quanti gli esseri condividono lo stesso legame profondo ed inestricabile, queste anime incarnerebbero la missione di poter lavorare, operare per il bene comune, tutti insieme.

Sarebbero in grado, attraverso la loro saggezza interiore ed attraverso una comprensione assolutamente profonda di tutte le sfumature delle tante esistenza umane, di vedere ben aldilà di quelle divisioni così superficiali e sarebbero altresì in grado di abbracciare l'esistenza universale che collega tutti.

In un mondo composto di anime antiche si dedicherebbero certamente a favorire il dialogo, la comprensione e la cooperazione in ogni angolo del mondo, creando una rete brutale di energie, forse potremmo definirla una Internet dell'anima, dove tutte le intenzioni positive verrebbero diffuse molto rapidamente ed andrebbero di influenzare il tessuto collettivo di tutta la coscienza umana.

Sarebbe una rete Internet dell'anima che vibrerebbe attraverso la forza dell'amore, della compassione, dell'empatia, capace di grandi cambiamenti profondi, di guarire le ferite dell'umanità e di offrire al mondo una strada molto più luminosa

Nel mondo unito delle anime antiche la condivisione di un unico obiettivo diventerebbe reale e sarebbe quello dell'evoluzione spirituale, dove tutte le anime lavorerebbero insieme per elevare la coscienza collettiva, condividendo insegnamenti, strumenti e pratiche, tutto ciò che può essere utile agli individui a risvegliare la loro connessione interiore affinché possano, ciascuno di loro, raggiungere il pieno potenziale.

Sarebbe un mondo veramente pieno di senso, ricco di scopi e di missioni, indirizzato soprattutto al miglioramento degli altri, alla guarigione, al superamento delle sfide, a fornire la speranza ed alla ricerca di un'influenza positiva da dare a questo mondo, indirizzandolo alla crescita spirituale per tutta l'umanità

Sarebbe un mondo bellissimo quello dove tutte le anime antiche possono riconoscersi, superare le frontiere dell'individualità e dove la comprensione l'amore invece prevarrebbe in un viaggio spirituale condiviso.

* L'interconnessione di tutte le anime

L'interconnessione delle anime antiche è un discorso molto interessante, infatti è un intreccio di energie coscienze che attraversa l'intero tessuto dell'universo.

Può essere rappresentato come un complesso sistema di radici sotterranee che collegano ogni essere umano una rete molto vasta di conoscenza, di saggezza e di esperienze accumulate nel corso del tempo.

È una connessione che va aldilà della barriera del tempo e dello spazio ed abbraccia l'essenza più profonda di ogni anima, facendo sì che questo intreccio sia perfettamente in sintonia a livello di vibrazioni e come un flusso costante di energia, attraversando ogni essere umano, possa nutrire tutti, attraverso l'esperienza del singolo.

Cercando di spiegare meglio il concetto potrei dire che questa rete di anime antiche può essere paragonato ad un serbatoio di conoscenza, un serbatoio condiviso, ed ogni volta che una di esse antica impara una lezione, acquisisce comprensione, supera una sfida o in qualche maniera apprende qualcosa, questo viene messo in condivisione e trasmesso le altre anime antiche attraverso l'interconnessione.

E' quindi un percorso di crescita condivisa.

Questa interconnessione diventa molto più evidente da capire quando avvengono dei momenti di sincronicità , che nulla a che vedere con la casualità, oppure delle intuizioni; quando le anime antiche sono sintonizzate sulla stessa frequenza e vibrano allo stesso modo, possono sperimentare un senso di connessione e allineamento che va oltre la razionalità e spesso lascia perplessi, va oltre la compressione ordinaria.

Questi momenti sono rivelatori della connessione profonda che lega le anime antiche e spesso finisce per creare un incredibile senso di meraviglia di gratitudine.

Il comprendere che tutto è unito, che esiste questa interconnessione, che ogni azione di gentilezza, ogni gesto di compassione, ogni atto di amore che viene regalato aggiunge un filo prezioso al tessuto comune.

E' rendersi conto che ciò che facciamo per gli altri in realtà non è altro che un riflesso diretto di ciò che facciamo per noi stessi ed a noi stessi.

Le anime antiche quindi e' come se fossero unite della stessa energia, vibrassero allo stesso modo, e condividessero in qualche maniera le stesse esperienze.

Si arriva quindi alla comprensione che la condivisione delle risorse amplifica poi in realtà l'abbondanza per tutti e questo atto, l'azione del dare e del ricevere, crea un continuo flusso di energia che alimenta la crescita e la prosperità collettiva, e non è certamente rivolto all'individualità.

CAPITOLO 11 – **Radici storiche e culturali delle anime antiche**

Le anime antiche trovano quindi le loro proprie radici in una rete molto intricata di riferimenti sia storici che di spunti scientifici, ed affronteremo insieme l'architettura delle influenze sia quelle storiche che le prospettive della scienza, che hanno contribuito a costruire ed a dare significato a questo particolare concetto.

Abbiamo già visto all'inizio del libro le varie tradizioni del passato, partendo dalle credenze più antiche ed arrivando a quelle più moderne.

Abbiamo visto quanto sia antico questo concetto e di come queste antiche visioni siano sopravvissute attraverso i millenni in un processo di continua evoluzione.

Ed abbiamo visto anche come al giorno d'oggi si affronti questa tematica anche attraverso studi scientifici e pratiche di regressione ipnotica alle vite precedenti, che in alcuni paesi viene effettuata anche in ospedale.

La ricerca sulla coscienza si allarga in un ambito di studi che esamina tutti gli enigmi della memoria ed emerge una idea chiamata memoria cellulare in cui le esperienze profonde della psiche possono sopravvivere attraverso i flussi del tempo, questo aiuta a comprendere anche da un punto di vista differente proprio concetto : che le anime antiche possano trascinare con sé tutte le esperienze accumulate nel percorso delle vite precedenti.

Alla luce della ricerca in epigenetica **(5)** si fa largo un cammino che porta alla possibilità che le esperienze vissute possano influenzare i propri geni e venire trasmessi alle generazioni future, questo chiarirebbe perché oggi chi nasce mantiene inalterati i ricordi delle esistenze passate, quindi i ricordi potremmo trasmetterli a noi stessi, di vita in vita.

Ecco come arriverebbero fino a noi.

Altro capitolo andrebbe aperto in merito alla coscienza ed a dove risiede la memoria, ed è una mia considerazione meramente personale, perché se la memoria non dovesse risiedere all'interno di una parte del nostro corpo bensì essere localizzata in un'area più spirituale, non avremmo nemmeno la necessità di trasmettere questi ricordi attraverso il DNA ed i geni poiché essi sarebbero liberamente fruibili attraverso tutte le nostre esistenze.

Interessante lo studio sui micro tubuli effettuato nel Regno Unito da due professori, che può essere certamente incentrata maggiormente sullo studio della NDE., ovvero della Near Death Experience, ma che potrebbe riproporre il concetto dei ricordi che si spostano, si trasformano.

Esattamente come questi micro tubuli che

durante la morte cerebrale di un paziente letteralmente svanirono dal corpo della persona, per poi ricomparire appena la persona venne riportata in vita, rianimata.

I micro tubuli conservavano ricordi del post morte, ricordi che, in accordo con la scienza, non avrebbero dovuto esistere.

Infatti il paziente ricordava i momenti durante la sua morte cerebrale, cosa accadde nella stanza e le manovre di rianimazione.

In attesa di maggiori esperimenti in questo senso possiamo soltanto, ahimè, per ora speculare su dove la coscienza esista e sopravviva.

Va sottolineato comunque che sono studi ancora abbastanza agli albori e quindi non esiste un risultato conclusivo.

Quindi in un mondo dove la ricerca empirica ed il pensiero razionale scontrano con molti misteri e con nelle profondità dell'anima, ci si trova di fronte a un qualche cosa di molto interessante: la connessione tra la scienza e la reincarnazione

Andremo ad esplorare come la scienza moderna possa invece dialogare con il concetto di reincarnazione, arricchendo così il terreno delle anime antiche.

La scienza e la reincarnazione potrebbero sembrare due cose esattamente agli antipodi, eppure non è così: la scienza contemporanea sappiamo bene basarsi su dati verificabili, invece la reincarnazione sembra scivolare in territori che sfuggono queste misurazioni diciamo tradizionali.
Tuttavia la scienza ha cominciato ad esplorare aree che sfidano la semplice comprensione della materia.

La scienza moderna infatti ha ampliato il nostro orizzonte di comprensione anche dal lato della memoria umana ed attraverso studi di fenomeni quali l'epigenetica e la memoria cellulare si sono iniziati a intravedere le possibilità che le conoscenze e le esperienze possano essere molto più significative e molto più profonde non soltanto nell'individuo singolo ma anche proprio continuate e trasmesse alle generazioni successive.

Questo naturalmente ci fa porre una domanda ovvero potrebbero gli elementi delle esperienze attraversare le barriere del tempo, dello spazio vitale reincarnazioni?

L'ipnoterapia regressiva ha permesso di svelare le memorie delle persone che accedono a ricordi di vite passate, questi frammenti o queste vite intere riemergono attraverso uno stato di rilassamento profondo indotto, potremmo definirlo uno stato di coscienza alterato, e porta con sé dettagli incredibilmente vividi e molto dettagliati.

La scienza più tradizionale potrebbe tranquillamente spiegare il fenomeno come frutto dell'immaginazione però questi casi in realtà fanno sorgere molte più domande sulla provenienza di quello che appare essere un ricordo e non certamente una fantasia e sulla possibile origine delle esperienze passate.

Ricordo che molti ricordi che affiorano sono anche riscontrabili attraverso delle ricerche che possono essere ad esempio storiche. Elementi che la persona sottoposta all'ipnosi regressiva non conosceva prima.

Non dimentichiamo le esplorazioni della fisica quantistica, che ha sollevato molte domande sulla natura stessa della realtà, l'idea che l'universo sia collegato, che esista questo tessuto interconnesso di energie ed informazioni, riflette in maniera incredibile sorprendente proprio la visione classica delle anime antiche.
Potrebbe quindi la reincarnazione trovare una sorta di sostegno proprio nelle stesse fondamenta del tessuto dell'universo?

L'approccio olistico considera l'individuo come parte di un tutto più grande, dalla parola Olos, invece la scienza tradizionale tende a fare frammenti delle esperienze umane, , quindi sono due approcci completamente differenti uno olistico che abbraccia la totalità e la complessità mentre invece la scienza tradizionale che frammenta.

Entrambe presentano aspetti diversi ed interessanti e sono utili per farsi una idea più' completa del fenomeno.

Inoltre i progressi più recenti delle neuroscienze, così come delle delle branche differenti di psicologia, hanno iniziato a sondare la profondità della mente umana ponendo diversi quesiti tra i quali 'potrebbero quindi le nostre menti conservare tracce di esperienze passate, influenzando in qualche maniera il nostro modo di pensare, agire, sentire?'

Questo apre inevitabilmente la strada a una connessione che risulta possibile tra la mente e l'anima attraverso il flusso delle vite successive.

* Le ricerche sulle vite passate e le testimonianze di regressione ipnotica

Le anime antiche così come le ricerche sulle esperienze di vite passate, possono ricorare attraverso la regressione ipnotica e sempre immergono in un territorio spirituale affascinante e profondo.

Sono testimonianze, sono ricerche che sempre ci regalano l'opportunità di esplorare le profondità della nostra anima così come tutte le connessioni sottili che si estendono bene aldilà dei confini della vita attuale di ciascuno di noi.

La regressione ipnotica in particolare, può proprio essere vista come un viaggio che si intraprende direttamente dai ricordi dell'anima e che attraversa le sfere del tempo e le cui testimonianze di vite passate emergono proprio da queste esperienze che possono essere interpretate come tracce, frammenti o storie intere di memorie della nostra piu' profonda essenza, quella immortale, e si rivelano esperienze e legami che nulla hanno a che vedere con la vita di adesso.

Queste testimonianze sono molto importanti e non soltanto risvegliano l'anima ma offrono una conoscenza profonda di quello che vive nelle profondità del nostro essere, consentendoci di esplorare lati ed aspetti nascosti del nostro io temporaneamente dimenticato, in questo modo si aprono porte ad una comprensione più ampia del nostro percorso spirituale.

Un altro beneficio dell'ipnosi regressiva e' quella che traversando sia il tempo che lo spazio, attraverso le nostre esperienze precedenti, riconoscendo chi siamo stati, acquistiamo il concetto della sopravvivenza dell'anima e dell'essere eterni.

Quelle che seguono sono brevi testimonianze che non sono nuove a chi ha gia' vissuto l'esperienza, si ripercorrono in tante tradizioni spirituali, tutte quelle che abbracciano la reincarnazione, ma anche racconti raccolti da persone scettiche che hanno scoperto l'esistenza di qualcosa che non credevano esistesse.

Interviste

Intervista: Maria

Domanda: Maria, puoi condividere la tua esperienza di regressione ipnotica e il ricordo di una vita precedente?

Maria: Certamente. Durante la regressione ipnotica, mi sono ritrovata in un villaggio antico, in un'epoca in cui le strade erano di terra e i vestiti erano fatti a mano. Ho visto me stessa come una giovane donna che si occupava di curare le piante e le erbe medicinali. Ciò che mi ha sorpreso è stata la mia conoscenza dettagliata delle erbe e il modo in cui le combinavo per creare rimedi curativi. Non avevo mai studiato erboristeria in questa vita, ma quel ricordo era così vivido e preciso.

Domanda: Quelle conoscenze erano completamente nuove per te?

Maria: Sì, in questa vita non avevo mai avuto un interesse particolare per le erbe o la medicina naturale. È stato sorprendente scoprire di avere tanta conoscenza su qualcosa che non avevo mai studiato prima.

E meravigliosa la sensazione provata nell'aiutare le persone.

Intervista: Marco

Domanda: Marco, ci racconti la tua esperienza di regressione ipnotica e ciò che hai ricordato di una vita precedente?

Marco: Certo. Durante la regressione, mi sono trovato in un'atmosfera di guerra.

Ero in una trincea, indossavo un'uniforme militare. Ho riconosciuto i dettagli del terreno, la sensazione di paura e tensione nell'aria.

Ma ciò che mi ha colpito di più è stata la mia sorprendente abilità nel maneggiare armi. Conoscevo tutti i dettagli sulle munizioni, sulle armi da fuoco e sulle tattiche militari. Era come se fossi un soldato esperto.

Domanda: Avevi mai studiato armi o tattiche militari in questa vita?

Marco: Assolutamente no. Non ho mai avuto

un particolare interesse per l'esercito o le armi. È stato sconvolgente scoprire di avere una conoscenza così dettagliata di qualcosa che non avevo mai studiato o sperimentato. Mi ha molto sorpreso e ricordo la conoscenza e la precisione con le quali le maneggiavo anche se nella vita attuale continuo a non saperne nulla.

Intervista: Alessia

Domanda: Alessia, raccontaci la tua esperienza di regressione ipnotica e il ricordo di una vita passata.

Alessia: Durante la regressione, mi sono ritrovata in un paese lontano, in una città molto diversa da quella in cui vivo ora. Ero una ballerina in un teatro rinomato. Potevo sentire la tensione prima di salire sul palco e la gioia di esprimermi attraverso la danza. Ciò che mi ha colpito è stato il mio abbigliamento intricato e dettagliato. I miei movimenti erano fluidi e naturali, come se la danza fosse parte di me.

Domanda: Avevi mai praticato la danza in questa vita?

Alessia: Non ho mai preso lezioni di danza o mostrato particolari abilità in questo campo. La danza non è mai stata una parte significativa della mia vita attuale. Scoprire di avere una connessione così profonda con la danza in una vita passata è stato davvero sorprendente.

Intervista : Laura

Domanda: Laura, puoi condividere la tua esperienza di regressione ipnotica ed il ricordo di una vita passata come animale?

Laura: Certamente. Durante la regressione, mi sono ritrovata in un ambiente naturale, circondata da alberi e fogliame.

Mi sono resa conto di essere un uccello, un falco per la precisione.

Potevo sentire il vento tra le mie penne mentre planavo nell'aria e catturavo prede.

Ho avvertito con coscienza di aver preso un serpente, che poi mi e' scivolato, ma non ho provato dispiacere, solo il sapere che le cose non sempre vanno come vogliamo, non era importante in quel momento.

Era una sensazione di libertà e agilità che non avevo mai sperimentato in questa vita.

Domanda: Questa esperienza come falco è stata diversa da qualsiasi altra cosa tu abbia mai vissuto?

Laura: Assolutamente. Non ho mai avuto una connessione particolare con gli uccelli o l'esperienza di volo.

Eppure, durante la regressione, ho sentito una familiarità con il volo e una comprensione naturale dei movimenti. È stato affascinante vedere come un'esperienza così diversa dalla mia vita attuale potesse emergere così vividamente.

Ancora oggi, ripensandoci, la rivivo e la risento chiaramente.

Intervista: Matteo

Domanda: Matteo, ci racconti la tua esperienza di regressione ipnotica come animale?

Matteo: Certamente. Durante la regressione, ho avuto una visione di me stesso in un ambiente acquatico, circondato da coralli e creature marine.

Mi sono reso conto di essere un delfino, nuotando agilmente tra le onde.

Era come se sentissi l'acqua che scorreva sul mio corpo e la gioia di esplorare il mare.

Domanda: Questa esperienza ti ha sorpreso, dato che sei un essere umano in questa vita?

Matteo: Sì, è stato sorprendente. Non ho mai avuto una particolare affinità per gli animali marini e non ho mai avuto l'opportunità di nuotare in mare aperto.

Eppure, durante la regressione, ho potuto sentire una connessione istintiva con l'ambiente marino e il ruolo di delfino.

Mi ha cambiato molto ed il senso di libertà le sensazioni provate, sono ancora estremamente vive in me.

Intervista: Ilaria

Domanda: Ilaria, ci racconti la tua esperienza di regressione ipnotica in cui hai ricordato una vita passata come albero?

Ilaria: Certamente. Durante la regressione, ho avuto una visione in cui mi sentivo come se fossi radicata in terra, con le radici che si estendevano profondamente nel terreno. Potevo sentire il calore del sole sulle foglie e l'energia vitale che fluiva attraverso di me.

Sentivo gli uccellini posarsi sui rami, la gioia di una pioggia e come reagivo, il vento, le mie foglie che cadevano..

Non avrei cambiato questa vita con nessun'altra.

Era una sensazione di connessione e stabilità che mi ha colpito profondamente.

Domanda: Questa esperienza come albero ti ha insegnato qualcosa di nuovo sulla tua connessione con la natura?

Ilaria: Assolutamente.

Anche se amo la natura, non avevo mai considerato come sarebbe stato essere un albero.

Questa esperienza mi ha dato un nuovo rispetto per la saggezza silenziosa degli alberi e la loro importanza nell'ecosistema. È stato come entrare in un mondo completamente diverso eppure collegato al mio spirito.

Intervista: Luca

Domanda: Luca, hai avuto un'esperienza di regressione ipnotica in una dimensione differente da quella terrena?

Luca: Sì, durante la regressione, ho avuto una visione in cui mi trovavo in una dimensione completamente diversa da quella che conosco. Era un luogo luminoso e pieno di forme geometriche in movimento. Non c'era una sensazione di tempo o spazio come la conosciamo qui.

Mi sentivo leggero e connesso a tutto ciò che mi circondava.

Non so che forma avessi perché' mi percepivo ma i movimenti erano comunque limitati sebbene non mi sentissi pesante.

Domanda: Come hai interpretato questa esperienza?

Luca: È stata un'esperienza molto surreale e

difficile da spiegare con le parole.

Sembra che sia stata una finestra su un altro tipo di esistenza, una realtà che va oltre i limiti della nostra comprensione umana.

Mi ha fatto riflettere sulla vastità dell'universo e su quanto possiamo ancora scoprire al di là dei confini della nostra percezione e di quanto poco in realtà' sappiamo della esistenza.

Intervista: Antonella

Domanda: Antonella, ci racconti la tua esperienza di regressione ipnotica in cui l'anima si è staccata dal corpo alla fine della vita?

Antonella: Certamente. Durante la regressione, ho vissuto la scena in cui il mio corpo stava morendo e la mia anima si staccava lentamente da esso.

Era come se stessi fluttuando sopra di me e stessi osservando la scena dall'alto.

Potevo sentire una sensazione di leggerezza e liberazione mentre lasciavo il mio corpo fisico.

Non c'era dolore, ne' rimpianto, al contrario c'era gioia nell'abbracciare questa nuova esperienza in arrivo.

Domanda: Come hai interpretato questa esperienza?

Antonella: Questa esperienza mi ha fatto riflettere sulla natura della vita e della morte. Sembra che ci sia un momento di separazione tra l'anima e il corpo, un momento in cui l'anima intraprende un nuovo viaggio.

È stata un'esperienza profondamente spirituale che mi ha fatto sentire che c'è qualcosa di più grande di noi che ci attende oltre la morte fisica.

Una continuita', che cio' che era ieri e' oggi. E sara' cosi anche domani.

E' semplicemente incredibile

Intervista: Giulia

Domanda: Giulia, hai avuto un'esperienza di regressione ipnotica in cui hai ricordato il momento della tua nascita?

Giulia: Sì, durante la regressione, ho vissuto il momento in cui stavo per nascere. Ho potuto sentire la sensazione di movimento mentre venivo spinta fuori dal grembo materno.

Ho vissuto tutte le sensazioni, inclusa la stanchezza, e c'era una sensazione di calore mentre venivo accolta nel mondo.

Non avevo paura ma desiderio di riposare.

Domanda: Com'è stata questa esperienza per te?

Giulia: È stata un'esperienza molto intensa. Mi ha fatto sentire connessa con il ciclo della vita e con il miracolo della nascita.

È stato come rivivere un momento fondamentale e allo stesso tempo unico, che ha gettato le basi per tutta la mia vita successiva.

Mi ha fatto riflettere sulla vulnerabilità e sulla forza che caratterizzano l'inizio di ogni essere umano.

Ma anche alla continuità' perché' proseguendo con la regressione, non era questa la vita in cui ero nata ma una molto più' antica.

Questo racconto di regressione ipnotica ci porta in un momento cruciale e universale: il momento della nascita. Ci invita a considerare il mistero dell'inizio della vita e la profonda connessione che tutti noi condividiamo attraverso questa esperienza comune.

Queste interviste ci mostrano come la regressione ipnotica possa rivelare esperienze completamente diverse da quelle terrene, spingendoci a esplorare la vastità dell'esistenza e la varietà delle esperienze dell'anima.

Sono un richiamo a considerare le molteplici dimensioni dell'universo e la ricchezza delle nostre anime in continua evoluzione.

Queste testimonianze ci mostrano come la regressione ipnotica possa rivelare esperienze animali o vegetali o in altre forme che sono completamente diverse dalle nostre vite attuali, sottolineando ancora una volta il potere delle esperienze passate nel plasmare la nostra comprensione dell'anima e della sua evoluzione.

Queste storie suggestive ci fanno riflettere sul potere della regressione ipnotica nel riportare dettagli accurati di esperienze passate, che spesso non corrispondono alle conoscenze o agli interessi delle persone nella loro vita attuale.

Riflessioni filosofiche sulla continuità dell'identità tra diverse incarnazioni

Riflessioni filosofiche sulla continuità dell'identità tra le differenti incarnazioni

Esplorare il concetto delle anime antiche ci porta in maniera inevitabile ad effettuare una riflessione filosofica profonda sulla identità attraverso le diverse incarnazioni e sulla sua continuità.

Questo tema finisce per affrontare l'essenza

stessa dell'individuo e le connessioni collegate tra tutte le esperienze di vita passate presenti

La domanda fondamentale resta l'identità di un individuo, è costante attraverso le incarnazioni oppure ogni volta si trasforma in un qualche cosa di nuovo?

Per molti l'idea di anime antiche automaticamente porta con sé una continuità della essenza spirituale che continua persiste attraverso tutto il ciclo di nascita e di morte.

In questo contesto, come abbiamo visto al principio di questo libro, ogni vita non è altro che un capitolo, un capitolo che va a inserirsi in una storia più grande, un'opportunità di crescita, per imparare il progredire attraverso tutto il lunghissimo percorso evolutivo dell'anima.

Però la riflessione filosofica ci spinge invece a considerare un altro aspetto vero la natura mutevole della identità dell'uomo: Se ogni vita viene influenzata dall'ambiente, dalle circostanze dalle scelte, quanto di quella identità rimane immutata?

Alcuni filosofi sottolineano che, nonostante le esperienze passate, ogni individuo è in evoluzione costante, conseguentemente l'identità si modifica di incarnazione in incarnazione.

Quindi e' sempre la stessa, ma cresce, impara e si evolve, esattamente come accade a ciascuno di noi nella vita terrena, se osserviamo tutti i cambi che abbiamo fatto negli anni.

Siamo diversi eppure siamo sempre noi.

Un altro aspetto importante da considerare e' come le vite passate possano influenzare l'identità del presente; se accettiamo l'idea di trasmissione delle esperienze attraverso la ipogenetica, allora potrebbe emergere una visione in cui le esperienze passate continuano a interagire naturalmente sulle vite attuali, in tal caso l'identità non è soltanto una questione individuale e di oggi ma è strettamente intrecciato con tutte le storie delle vite precedenti, e questo grazie alle memorie ereditate.

Inoltre possiamo anche riflettere sulla continuità dell'identità, riflettendo sulla libera volontà e sulla natura delle scelte: se un'identità persistente attraverso le incarnazioni già possiede conoscenze ed esperienze che accumulato attraverso le proprie vite, fino a che punto le scelte attuali sono influenzate da ciò che è stato visto e vissuto in precedenza?

Ed è ancora la filosofia che ci sfida ad esplorare la natura stessa della identità ovvero cosa è che ci rende continuamente riconoscibili ed unici? È la nostra personalità, è la nostra coscienza oppure qualcos'altro che trascende dal nostro corpo fisico?

Sono riflessioni che gettano luce su quanto il concetto di anime antiche sia complesso e ci porta a contemplare l'essenza stessa di tutta la nostra esistenza.

Non esiste una risposta definitiva, esistono riflessioni filosofiche sulla continuità della continuità della identità tra le differenti incarnazioni, lascio pertanto a chi legge la riflessione ed il pensiero su questa importante sfida concettuale, ad esplorare il mistero dell'identità umana attraverso il viaggio eterno dell'anima.

Concetti simili nelle teorie scientifiche sull'identità personale e la coscienza

Possiamo continuare il nostro percorso delle anime antiche indagando ed arricchendo il nostro escursus attraverso l'esaminazione dei concetti affini nelle teorie scientifiche sull'identità personale e sulla coscienza.

Mentre la spiritualità spesso esplora il mistero dell'identità passando attraverso le vite, la scienza moderna ha prospettive differenti, intriganti , ma che si collegano anch'esse a questi concetti.

Ad esempio nella teoria scientifica della *continuità dell'identità personale*, che esplora come la conoscenza possa mantenersi coerente attraverso il tempo: alcuni scienziati affermano che la nostra identità emerge da una combinazione di processi biologici, neurologici e anche psicologici.

Ci colleghiamo a questo studio perché queste affermazioni naturalmente ci fanno porre una domanda molto interessante, ovvero se l'identità persiste a livello biologico ed influenza le esperienze di vita attuali, potrebbe avere anche un'incarnazione precedente?

Potrebbe esserci un legame piu' antico?

La ricerca sulle memorie delle esperienze personali suggerisce che le persone possono avere dei ricordi dettagliati di vite e di esperienze passate.

Questo si evidenzia nella regressione ma anche nelle esperienze di deja vu, che sono quelle esperienze che accadono all'improvviso, in poche frazioni di secondo, e ci regalano la sensazione di aver già vissuto una determinata situazione.

Se le memorie sono in grado di attraversare il tempo, incluso quello attuale, potrebbero anche essere o contenere tracce di esperienze di vite precedenti?

Qui ci ricolleghiamo con il concetto di anima antica e del tessuto interconnesso, attraverso alcune teorie scientifiche che discutono il concetto di una coscienza collettiva, attraverso il suggerimento che le esperienze umane sono in realtà collegate attraverso proprio un tessuto di coscienza condivisa.

Se questo richiama perfettamente l'idea di anime antiche, che condividono esperienze, conoscenze, situazioni attraverso il tempo: *potrebbe questa coscienza collettiva essere un ponte tra le vite?*

La scienza dell'epigenetica che abbiamo affrontato poc'anzi rivela che le esperienze possono influenzare la parte genetica e, in alcuni casi, essere trasmessi anche alle generazioni che verranno in futuro.

Se le esperienze sono in grado di lasciare queste tracce addirittura del codice genetico, potrebbero essere radicati all'interno dell'essenza spirituale?

Questo aprirebbe la possibilità che le anime antiche portino con sé proprio le tracce delle loro esperienze passate attraverso le incarnazioni, esattamente come fanno i geni ed il DNA per la parte fisica.

Non dimentichiamo poi la parte che è nascosta dentro di noi, nella nostra profondità che può emergere improvvisamente oppure attraverso il richiamo effettuato con la tecnica *dell'ipnosi regressiva:* questo potrebbe indicare che le anime antiche, sotto la superficie, portano con sé una ricchezza incredibile, come abbiamo supposto fino ad ora.

Esistono quindi moltissimi spunti affascinanti, anche a livello di teorie scientifiche sull'identità personale sulla coscienza, e che possono essere collegate proprio il concetto di anime antiche

Questo capitolo vuole essere un invito ad esplorare quindi le connessioni tra l'identità, il mistero dell'identità, la continuità dell'esperienza e le ricerche scientifiche moderne; mentre spiritualità e scienza possono di primo acchito sembrare assolutamente distanti e distinte, l'esplorare queste sovrapposizioni ci fornisce una sfida a guardare molto più in profondità l'intreccio complesso dell'essere umano e della sua stessa esistenza, oggi ed attraverso tutte le sue ere.

(5) La epigenetica è una branca della biologia che studia le modificazioni chimiche e fisiche che avvengono nei geni e nell'organizzazione del DNA, senza alterarne la sequenza nucleotidica. Queste modificazioni epigenetiche possono influenzare l'espressione genica, ossia se e come un gene verrà attivato o disattivato, giocando un ruolo chiave nello sviluppo, nella crescita e nelle risposte dell'organismo all'ambiente.

Le modificazioni epigenetiche includono metilazione del DNA (aggiunta di gruppi metile a specifiche regioni del DNA), modifiche delle proteine istoniche (proteine intorno alle quali si avvolge il DNA) e microRNA (piccole molecole di RNA che regolano l'espressione genica). Questi cambiamenti possono essere ereditati dalle cellule figlie durante la divisione cellulare e, in alcuni casi, possono persino essere ereditati dalle generazioni successive.

La ricerca in epigenetica ha rivelato come l'ambiente, l'alimentazione, lo stress e altre influenze esterne possano influenzare le modificazioni epigenetiche, contribuendo così a regolare quali geni verranno attivati o meno. Questo campo di studio ha implicazioni significative nella comprensione delle malattie, della crescita, dello sviluppo e persino nell'evoluzione, poiché dimostra che gli individui possono ereditare alterazioni epigenetiche che possono influenzare la loro salute e il loro benessere.

Attualmente, non ci sono evidenze scientifiche solide che collegano direttamente l'epigenetica alla memoria di vite precedenti o alla reincarnazione.

Tuttavia, l'idea che le esperienze di vite precedenti possano essere trasmesse attraverso le generazioni tramite l'epigenetica è ancora un concetto controverso ma l'ipotesi è che le esperienze e i traumi vissuti da un individuo possano influenzare le modificazioni epigenetiche nei loro geni, e che queste modificazioni possano essere ereditate dai loro discendenti, influenzando così il loro benessere e la loro risposta a situazioni simili. Tuttavia, fino ad oggi, le prove a sostegno di questa ipotesi sono limitate e soggette a ulteriori ricerche. Ma apre le porte alla possibilità' che i nostri ricordi ci seguano, attraverso le varie esistenze, anche attraverso i geni

È importante sottolineare che la connessione tra l'epigenetica e la memoria di vite precedenti è oggi ancora una questione molto complessa e non verificata.

CAPITOLO 12 - La risonanza morfica e l'interconnessione delle anime antiche

Esplorando questo misterioso territorio delle anime antiche finiamo per trovare concetti che abbracciano l'interconnessione dell'esperienza umana attraverso il tempo ed uno di questi concetti è la risonanza morsica, che è una teoria del biologo Rupert Sheldrake.

Inizialmente questa teoria era stata pensata per spiegare il comportamento della natura, però la risonanza amorfica in realtà offre molte riflessioni, profonde, proprio sulla connessione delle anime antiche.

Infatti questa teoria suggerisce che esiste un campo di informazioni condivise e finisce per influenzare la forma ed il comportamento dell'entità viventi.

Questo campo, noto come *morfogenesi*, implica che le conoscenze, gli schemi di comportamento, le esperienze, si accumulano attraverso le generazioni e finiscono per influenzare nuove incarnazioni.

La risonanza morfica quindi implica un'interconnessione molto intima tra tutte le esperienze umane.

All'interno di un contesto quale il nostro ovvero delle anime antiche, questa teoria potrebbe suggerirci che le esperienze, le conoscenze accumulate, le emozioni, tutto questo attraverso molte vite, possono venire archiviate in un campo Morfico che andrà a formare una specie di memoria collettiva dell'umanità, e si ricollegherebbe perfettamente ai capitoli precedenti.

Se le anime potessero condividere un campo di informazioni, allora potrebbero accedere a questo archivio collettivo, potrebbero farlo attraverso esperienze quali la meditazione profonda oppure proprio l'ipnosi regressiva.

La risonanza morsica può spiegare la sensazione di legami profondi e familiari con altre anime, perché le esperienze condivise e le emozioni potrebbero creare una connessione energetica che attraversa tipo l'incarnazione, questi legami quindi potrebbero contribuire alla formazione di relazioni significative finendo per influenzare l'evoluzione spirituale.

È chiaramente una teoria, molto affascinante, *ancora oggetto di dibattito* ma che può fornire uno stimolante terreno di riflessione sulla natura interconnessa delle anime antiche.

* La nozione di una rete di interconnessione tra tutte le anime e la sua relazione con le teorie scientifiche sull'interconnessione quantica.

Questo concetto di interconnessione tra tutte le anime e certamente molto affascinante e trova un interessante parallelismo con le teorie scientifiche dell'interconnessione quantica

È una idea che ci invita certamente esaminare come le relazioni tra le varie anime possono avere un possibile riscontro anche nella realtà a livello subatomico

Questa nozione di interconnessione suggerisce infatti che ogni anima è un nodo in una rete di esperienze, conoscenze condivise, emozioni molto vasta e questa rete potrebbe essere paragonata al tessuto stesso dell'universo, dove ogni anima intrecciata con altre in una danza eterna di scambio e di evoluzione.

Lo avevo paragonato all'inizio di questo libro proprio come un filo per ogni vita, ed ogni vita forma la trama e questa trama è connessa con l'intero universo e così viene condivisa, questo pensiero può essere condivisibile con la nozione di interconnessione.

A livello scientifico questa teoria suggerisce che le particelle subatomiche possono essere intrecciate in modo tale che lo stato di una particella influenzi istantaneamente lo stato di un'altra particella, anche se lontana: è un fenomeno conosciuto come Entanglement ed è una dimostrazione della natura interconnessa della realtà livello subatomico, un parallelo quantico

Inoltre si può vedere anche un legame tra micro e macro cosmo, ovvero l'interconnessione tra le anime su scala macro cosmica di ciò che accade nel mondo subatomico.

L'esperienza delle anime, le emozioni, le intuizioni potrebbero risuonare attraverso questa rete di interconnessione influenzando in maniera diretta anche le altre anime

La condivisione dell'esperienza, fatta attraverso la possibilità di attingere a questa rete di conoscenze condivise che aprirebbe la strada agli eventi sincronici che conosciamo e anche di intuizione condivisa, che sono fenomeni simili a quelli quantici di Entanglement.

Possiamo quindi fare una considerazione, ovvero che il concetto di una rete di interconnessione tra tutte le anime trova un parallelo interessante altrettanto sorprendente nelle teorie scientifiche dell'interconnessione quantica

Sono concetti esplorati da diverse prospettive certamente, ma ci invitano a considerare la possibilità di un tipo di interconnessione profonda, universale, che va ben oltre il mondo scientifico e quello spirituale.

I SALUTI

Siamo arrivati al termine di questa ricerca profonda ed avvincente sulle anime antiche, dove abbiamo sfiorato scienza, filosofia ed i confini della spiritualità.

Abbiamo percorso un viaggio che ci ha portato oltre i confini dell'attuale incarnazione, e ci ha spinti a considerare il significato eterno ed interconnesso delle nostre esistenze.

Dalle antiche tradizioni spirituali fino alle teorie scientifiche più moderne, abbiamo gettato uno sguardo su come il concetto di anime antiche possa trovare risonanza in molte discipline.

Abbiamo esaminato le testimonianze di chi ha fatto una regressione ipnotica e ha scoperto le sue vite passate, abbiamo sfruttato le radici filosofiche della continuità dell'identità così come abbiamo affrontato anche i concetti di interconnessione cosmica che ci spingono a riflettere sempre sulla nostra relazione con l'intero universo.

In questa ricerca abbiamo compreso che le anime antiche rappresentano molto più di un semplice concetto, esse sono un vero e proprio ponte tra il passato il futuro, un legame indissolubile tra singolo individuo e l'intero universo infinito.

Abbiamo riflettuto sulla nostra crescita spirituale, e sulla condivisione delle conoscenze attraverso le generazioni e sull'unità fondamentale che ci lega tutti insieme, uniti.

Mentre mi accingo a salutare e chiudere queste pagine in realtà invito ad iniziare un nuovo capitolo fatto di scoperte e di comprensione: le anime antiche stesse ci sfidano a esplorare i misteri dell'esistenza umana, così come a trascendere i confini dello spazio del tempo, abbracciando la bellezza e la profondità di un viaggio spirituale condiviso.

Con il sincero augurio che queste riflessioni portino ispirazione per continuare questa ricerca, per continuare a farci domande profonde, vivendo con una consapevolezza maggiore la connessione che abbiamo con l'universo e con tutti gli esseri che lo popolano.

Che l'esplorazione delle anime antiche possa guidare tutti noi in questa vita di crescita, di amore e di realizzazione del nostro pieno potenziale

Con amore
Paola

CHI E' L'AUTRICE

Paola Cavallero, orgogliosamente Savonese di nascita e cittadina del mondo, vive nel Regno Unito.

Si definisce *alchimista emozionale.*

Fin da giovane ha dimostrato di avere una particolare sensibilità' e di avvertire profondamente le energie sottili che circondano tutti noi.

Si occupa di ipnosi regressiva e progressiva (metodo Brian Weiss), di crescita personale e di coaching.

Tiene regolarmente corsi in Regno Unito, Spagna ed Italia, dove insegna ciò' che scrive nei suoi libri.

Dopo oltre 30 anni di viaggi ed esperienze in luoghi differenti, quali l'Africa, Amazzonia, il Sud America e l'Asia, dove ha avuto modo di conoscere riti e tradizioni tribali, ha deciso di condividere con tutti noi quello che ha imparato, sperimentato e lo ha rivisto a modo suo, con un concetto moderno e semplice, per rendere fruibili gli insegnamenti ricevuti e per semplificare l'utilizzo pratico nel vivere quotidiano.

Iscritta all'albo dei Pranoterapeuti sin dagli anni '90, si occupa inoltre di metafonia dal 1985, ovvero la registrazione delle cosiddette 'voci', offrendo da anni il suo contributo alle tante persone che hanno perduto un caro attraverso i messaggi che riceve, con la speranza di poter, in parte, lenire il dolore..

Si occupa anche di meta visione.

Il suo canale Youtube si chiama ' metafonia, speranza e rinascita '.

ALTRI TITOLI

- I 7 meravigliosi specchi Esseni
- Gratitudine: La Tecnica che Sconvolge le Regole e Trasforma la Vita
- Il grande libro dei sacchetti magici
- La tecnica segreta dei 99 intenti: manifesta tutti i tuoi sogni in realta'
- Il libro delle risposte d'amore, oracolo 2.0
- Il potere dei Salmi: ponte tra cielo e terra, la magia svelata.
- Ho abbracciato un cactus ed ora finalmente mi amo
- Ho'oponopono svelato
- La legge della manifestazione e come precipitare cosa desideriamo
- Apriamo e purifichiamo i Chakra da soli
- Incantesimi d'amore, il tocco magico che trasforma la tua vita
- Il libro delle risposte Zen, Oracolo 2.0
- Le candele magiche ed il loro uso
-

Printed by Amazon Italia Logistica S.r.l.
Torrazza Piemonte (TO), Italy